奇跡のバックホーム

元阪神タイガース
横田慎太郎

幻冬舎

奇跡のバックホーム

元阪神タイガース
横田慎太郎

序章　神様の演出

「横田、センターに入れ!」

ベンチ横でキャッチボールをしていた僕に、平田勝男・二軍監督が突然呼びかけました。

2019年9月26日――阪神鳴尾浜球場で行われたウエスタン・リーグ、阪神タイガース対福岡ソフトバンクホークス戦。タイガースが2対1とリードして迎えた8回表ソフトバンクの攻撃、ツーアウト二塁の場面でした。

「センター、横田」

アナウンスを受け、背番号124のユニフォームに袖を通した僕は、2016年9月25日のウエスタン・リーグのソフトバンク戦以来、1096日ぶりにセンターの守備につくことになりました。

2019.9.26

いつものように全力疾走でポジションに向かった僕は、定位置にたどりつくと、グラウンドを振り返りました。

「あっ」

びっくりしました。

「なんてきれいなんだ……」

それまで練習や試合で何度も目にしてきたはずの光景。でも、そのとき僕の目に飛び込んできたそれは、まったく違っていました。

眼前に広がる青空、その下で鮮やかに光り輝く芝生の緑、観客で埋まったスタンド。

「こんなに美しかったんだ！」

僕は感動していました。そして心の底から思いました。

「ここまで野球をやってきてよかった」

なぜ、景色がそれまでと異なって映ったのか、理由はわかりません。でも、その景色を目にして、僕は誓いました。

「よし、絶対に何かやってやる！」

なぜなら、それは僕にとって最後の試合、引退試合だったから――。

プロに入って6年。志なかばの24歳で引退せざるをえなかった原因は、脳腫瘍です。発覚したのは2017年2月、春季キャンプのさなか。すぐに2度の手術を行い、半年におよぶ闘病生活を経て、2018年のシーズンに育成選手としてグラウンドに復帰しました。背番号はそれまでの「24」から「124」になりましたが、「24番を取り返し、もう一度試合に出る」ことを目指して毎日練習を続けました。

その結果、体力や筋力はほぼ以前の状態に戻りました。でも、どうしても回復しなかったものがひとつだけありました。

――目です。

2度目の手術の後、一時は完全に視力が失われました。まったく見えなくなったのです。その後、少しずつ回復していきましたが、2年以上たっても、完全には戻らなかった。ボールが二重に見えたり、角度によってはまったく見えなくなったりするのです。

これはプロ野球選手にとっては致命的です。努力すればなんとかなるというものでもない。目標をあきらめるのは本当に悔しかったけれど、僕は2019年のシーズンでユニフォームを脱ぐ決心をしました。

代わった直後の初球でした。

いきなりの大飛球。正直、打球はよく見えていませんでしたが、ボールは背走した僕の頭を越え、タイムリー二塁打となりました。

これで同点となり、なおランナー二塁。バッターボックスにはソフトバンクの6番バッター、塚田正義さんが入りました。

ファウルの後の2球目。塚田さんが弾き返した打球は、ライナーとなって僕に向かってきました。気がつくと前に出ていた僕は、ワンバウンドでボールを拾い上げると、そのままバックホーム。ボールはまっすぐ伸び、ノーバウンドでキャッチャーの片山雄哉さんのミットにおさまりました。

「アウト!」

審判のコールと同時に、スタンドが一斉にわきました。

走ってベンチに戻る僕を、チームのみんなが拍手で迎え、肩や頭を叩いて喜んでくれました。そのなかには、まだシーズン中にもかかわらず、僕のために駆けつけてくれた一軍選手のみなさんや、鹿児島からやってきた父、母、姉の姿もありました。

ベンチ裏にいた鳥谷敬さんが言いました。

「横田、野球の神様って、本当にいるんだな」

その瞬間、涙があふれてきました。

野球の神様は本当にいる――僕も心からそう思います。あのバックホームは、自分ひとりの力では絶対にできなかった。

塚田さんの打球も僕には見えていませんでした。正面からバウンドして飛んでくるボールは、距離感がつかみにくく、どのように弾んでくるのかわからない。もっとも見えにくいのです。

復帰してからの僕は、そういう打球が飛んできたときは無意識に下がっていました。

だから、このときも身体を引いてもおかしくはなかった。そうしていたら、ボールをはじいて後逸したか、顔にぶつかっていたでしょう。

でも、あの打球に対しては、なぜか自然に身体が前に出た。まるで何者かに背中を押されたかのようでした。ボールもすんなりグローブに収まった。キャッチャーへの送球にしても、それまで試合はおろか、練習でもノーバウンドで返球したことはなかったのです。

あのバックホームは、まさしく神様が導いてくれた奇跡――そうとしか思えない。いま思い出しても鳥肌が立ちます。

記録的には、どうってことのない「捕殺1」。それが残っただけです。でも、僕にとってそれは、特別な記録になりました。

奇跡のバックホーム■目次

第2章
遠かった甲子園

第3章

一軍を目指して

第4章

闘病

第5章
復活を信じてもがいた2年間

第6章
奇跡のバックホーム

終章

新たなプレイボール

第1章 野球のことは忘れてください

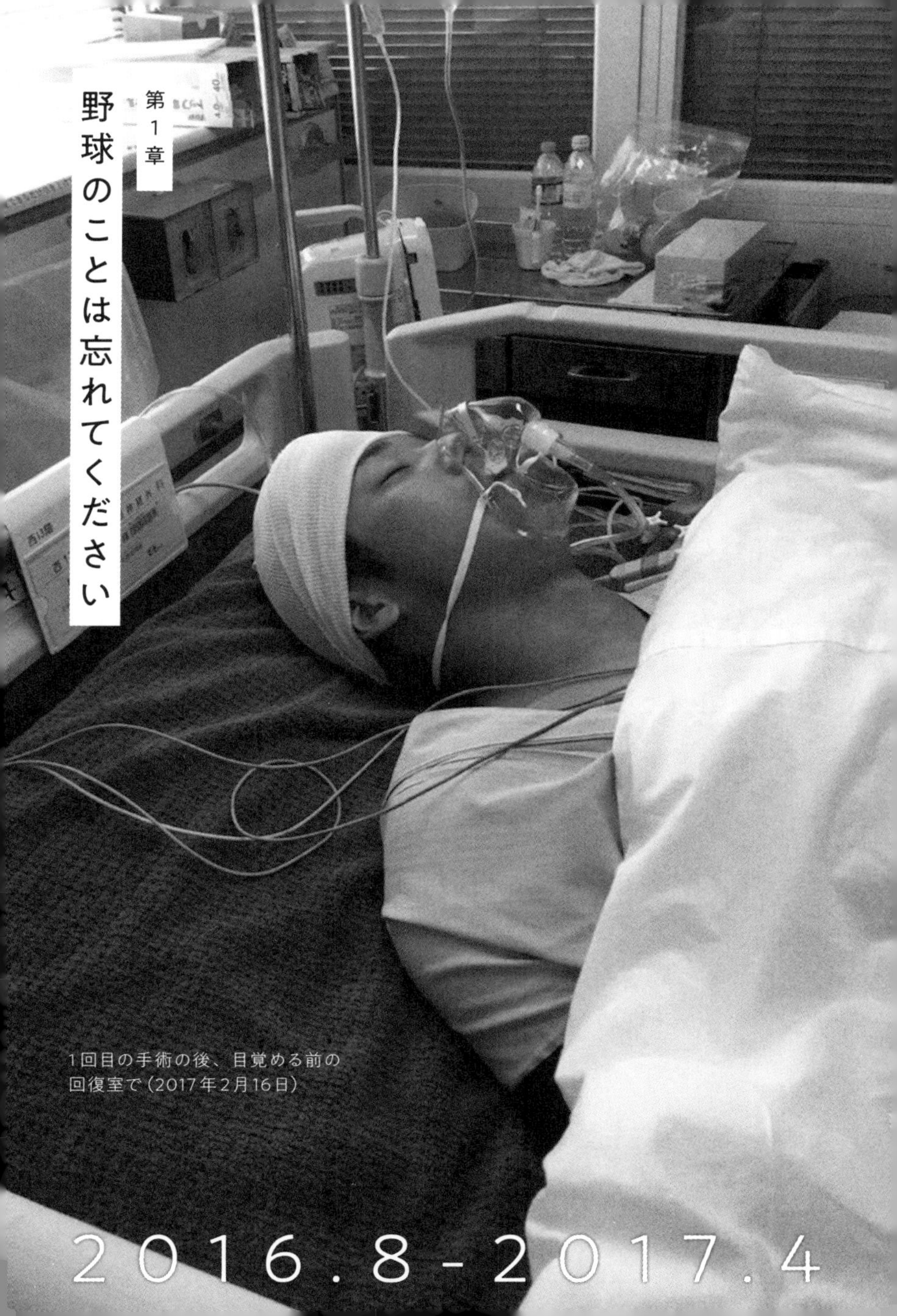

1回目の手術の後、目覚める前の
回復室で（2017年2月16日）

2016.8-2017.4

発端は原因不明の頭痛

「おかしいな……」

ずっとそう感じていました。2016年、プロに入って3年目の夏が過ぎたころのこと。頭痛が続いていたのです。

最初は「熱中症かな」と思いました。でも、なかなか痛みがひかない。原因がわからないまま練習を続けたものの、シーズンオフに入るころには、朝起きるのもつらくなりました。頭痛に加え、首回りが張り、肩がこるようになったのです。枕を替えてみても治りません。

それまで病気はおろか、風邪ひとつひいたことがありません。そのときも「ただの疲れだろう」と思い込み、球団のトレーナーに「首が痛いんです」と申し出て、2日ほど休んだだけで自主トレを続けました。

しかし、翌年2月に沖縄・宜野座で春季キャンプが始まるころになっても、症状は改善するどころか、ますますひどくなっていきました。

頭がガンガンして、夜も眠れない。そのうちめまいもするようになり、夜中にトイレに起きたときはまともに歩けないほどでした。視点が定まらないので、何かにつかまって腰を低くしてトイレまで行くという状態が何日か続きました。疲れもとれない。そのうえ、さらにショッキングなことが起こりました。

目が見えにくくなったのです。

視界の左上に突然黒いラインが浮かぶようになり、練習してもボールが見えにくくて、距離感もつかめなくなりました。

「おかしいな……おかしいな……」

そう思っているうちに、ほとんど見えなくなりました。ノックを受けても打球が追えない。フリーバッティングをしてもマシンのボールの出どころが見えなくて、どのコースに来るのかわからない。でたらめにバットを振り回し、何本も折ってしまいました。

泣きたくなりながらも、それでも僕は家族も含めて誰にも身体の状態を打ち明けることはありませんでした。日常生活はなんとか送ることができていたし、字も読めた。なによりプロ入りして2年間、まだなんの結果も残していなかったので、言い訳になってしまうと考えたのです。

「これは本当におかしいんじゃないか……」といよいよ心配になったのは、キャンプが始まって10日ほどたったころ、たしか紅白戦のときです。一塁に出塁した僕は、突然パニックに陥りました。

「あれ？　牽制球って、どうやって来るんだっけ!?」

イメージがわかないのです。ピッチャーの動きは見えているのですが、どうやって牽制してくるのか思い出せない。リードや帰塁のしかたもイメージできませんでした。頭のなかで整理がつかないのです。

「これはちょっと、やばいかもしれないぞ……」

はじめて怖くなりました。

ありえないミスがあまりにも続くので、周囲も「おかしい」と気づいたようでした。中村豊コーチが言いました。

「おまえ、ちょっと変だぞ。どうしたんだ？」

「いや、実は目が……」

「すぐに病院に行ってこい！」

それで眼科に行き、検査してもらったのです。

どうしておれが病気に……

僕としては、それでもまだ「原因は目の疲れで、目薬をもらえば治るだろう」くらいに考えていました。ところが、先生が発した言葉は意外なものでした。

「これは目の異常ではない。病院を紹介するので、トレーナーを呼んで、いますぐ行ってください」

さっそく杉本一弘トレーナーと一緒に紹介された脳外科に行き、ＭＲＩ検査を受けました。検査が終わると、先生が３人やってきました。

そうして告げられた結果は、まったく予想しないものでした。

「横田くん、言いにくいんだけど、大きな病気です」

そう断ってから、先生は病名を口にしました。

「脳腫瘍です」

「!?」

事態がよく呑み込めない僕に、先生はさらに続けました。

「野球のことは、いったん忘れてください」

その言葉が耳に飛び込んできた瞬間、頭が真っ白になりました。

僕の人生は、野球がすべてといっても過言ではありません。物心ついてからというもの、野球しかやってきませんでした。すべての時間は野球のためにありました。

「その野球を忘れる……?」

そのときの僕にとってそれは、死刑を宣告されたのに等しいといってもよかった。脳腫瘍が大きな病気だということは想像できたし、いま考えればまずは命の心配をすべきだったのかもしれませんが、それ以上に「野球を忘れましょう」という言葉はショックだったのです。

その後は先生になんと言われたのか、まったく憶えていません。完全な空白です。

両親には杉本トレーナーが電話してくれました。

「元気にしてる?」

ちょうど休日だったこともあり、電話に出た母は明るい声で言いました。

「ああ、うん、元気だよ」

思わずそう答えてから、僕は言いました。

「実は今日、病院に行った」

「どうした?」

「脳腫瘍だって」

「えっ」

病院に行ったと聞いて母は、僕がケガをしたのだと思ったそうです。そこに思いもかけない「脳腫瘍」という言葉を聞かされて、とっさには理解できなかったのでしょう、もう一度「えっ?」と訊かれました。僕はもうそれ以上話せなくなり、トレーナーに電話を代わってもらいました。

翌日には大阪に帰ることになり、ホテルで荷物をまとめてから、脳腫瘍という病気についてスマホで調べてみました。

脳腫瘍とは、頭蓋骨のなかにできる腫瘍の総称です。脳やその周囲の組織から生じる原発性脳腫瘍と、ほかの臓器から転移する転移性腫瘍がありますが、種類は千差万別だそうです。僕の場合は前者ですが、のちに先生に聞いたところでは、原因ははっきりとはわからないとのことでした。

やっかいなのは、治っても後遺症がいろいろ出るということ。目が見えない、耳が聞こえない、味覚がなくなる、下半身が動かなくなる……多くの症状がスマホに表示されています。

「もしかしたら、本当に野球ができなくなるのかな……」

暗い気持ちになると同時に、腹が立ってきました。

「なんでおれが……。どうしておれなの?」

子どものころからプロ野球選手になることを夢見て、ずっと野球を続けてきました。野球以外のことはいっさい関心がなかったといってもいい。誰よりも真剣に、誰よりもたくさん練習してきたつもりです。

プロに入ってからも、誰よりも早くグラウンドに出て、一軍昇格を目指して毎日泥まみれになって野球に取り組んできました。つい昨日までグラウンドで練習していたのに。

「それなのに、なぜおれが？　どうしておれが野球を取り上げられなきゃならないんだ？」

それまでの僕は、どんなときでもポジティブに考えるほうでした。でも、その夜だけは前向きな気持ちにはとてもなれなかった。つい悪いことばかりイメージしていました。

「野球ができなくなったら、これから何をすればいいんだろう」

そんなことまで考えながら、ほとんど眠らずに朝を迎えました。

その日、僕の担当スカウトだった田中秀太さんが駆けつけてくれました。

「なんでおまえなんだよ……」

そう言って、秀太さんが大泣きしました。

「一生懸命やってるおまえが、どうして……」

秀太さんが泣いているのを見て、僕も涙が止まらなくなりました。

神経には傷一本つけないでください

ただ、完全に希望を捨てたわけではありません。大阪に戻ってから、大阪大学医学部附属病院でもう一度精密検査をすることになっていたからです。

「もしかしたら脳腫瘍じゃないかもしれない」

仮に脳腫瘍であっても、軽症で、それほど時間がかからずに治るかもしれない。そうすれば、また野球ができる――少しだけ期待していました。

実家のある鹿児島から駆けつけた母は、僕を見て「ほっとした顔をしていた」と言います。それまで目が見えづらいなか、原因も、いつどうなるかもわからない不安な状況で、誰にも言わないまま練習を続けていた。でも、とりあえず原因がわかり、身体を休ませることができるうえ、かすかとはいえ希望がまだつながっている。その気持ちが表情に出ていたのかもしれません。

母と一緒に検査結果を待つ間、僕は神様に祈っていました。

「神様、お願いします！　すぐに復帰できるようにしてください！」

けれど——診断は同じでした。

僕の頭は再び真っ白になりました。

「手術が必要です」

そう言われたのだけは憶えています。でも、それ以外のことは完全な空白です。先生と何か話したのは確かなのですが、内容はまったく記憶に残っていません。

あとで聞いたところでは、脳腫瘍は若い人にもよく見られる病気で、それほどめずらしいものではないとのこと。決して安心はできないけれど、中村コーチのおかげで発見が早かったこともあり、先生からは「大丈夫ですよ」と言われたそうです。

でも、僕はとにかく野球ができなくなるというショックでパニクっていて、話が全然頭に入ってきませんでした。気がついたときには、そのまま阪大病院に入院し、数日後に手術をすることが決まっていました。

手術にあたって僕は、繰り返しひとつのことをお願いしていました。

「必ずもう一度野球ができるように、神経には傷一本つけないでください」

母によれば、ひたすらそれだけを訴えていたそうです。

「わかりました。また野球ができるようにします」

先生は約束してくれましたが、きっとプレッシャーになっただろうといまにして思います。

でも、僕にとって、もう一度野球ができるかどうかということは、とても深刻な問題でした。命よりも、もう一度野球をすることのほうがはるかに重要だったのです。

手術は成功したものの……

僕が脳腫瘍であることは、公には伏せられることになりました。僕自身は公表してもかまわなかったのですが、球団の判断で表向きは「体調不良」と発表されました。知っていたのは、球団関係者でもごく限られた人たちだけです。

手術は2017年2月16日でした。手術自体はじめての経験。おでこの少し上を3センチぐらい切って内視鏡を入れるのですが、注射ですら震えるほど嫌いだったので、始まる前は本当に不安で嫌でした。手術室に運ばれながらも、逃げられるものなら逃げ出したかった。思い出しただけでも身震いします。

手術は2時間程度で無事終わりました。「終わってから意識がなかったらどうしよう」と怖かったのですが、麻酔から醒めたらはっきり意識があったので、少し安心しました。

幸い術後の経過は良好で、2、3日するといつもと変わらないくらい元気になりました。視界の黒いラインは消えていたし、肩の張りも治まった。頭痛もなくなりました。朝は走りに行っていたほどです。

「これならすぐに退院できるんじゃないか」

自分ではそう思っていました。

「もう少しの我慢だ。そうすれば治るから」

そう言い聞かせて、はやる気持ちを抑えていました。もう少したてば退院できると、そのときは本気で信じていたのです。

ところが――。

もう一度手術をしなければいけないというのです。このあいだの手術は、とりあえず内視鏡を入れ、簡単な処置と準備をするためのもので――目のなかの黒いラインが消え、肩こりも治まったのは、この処置のおかげだったのだと思います――後頭部を開いて腫瘍を除去する本当の手術はこれからなのだと……。

「なんで!?」

愕然としました。すぐにでも野球ができると思っていたのに、また地獄に突き落とされたような気がしました。

あとで母に聞いたのですが、手術を2回することはあらかじめ決まっていたそうです。僕も先生から聞かされていたはずなのですが、脳腫瘍と診断され、「野球ができなくなるかもしれない」と不安になったことに加え、「手術をします」と言われたことで怖くなり、頭がいっぱいになってしまったのでしょう。呆然と先生の言葉を聞いていたので、手術は1回ですむと勝手に思い込んでいたのです。

僕をさらに憂鬱にさせたのは、2回目の手術は長時間になるということでした。それを知ったときはさらに落ち込みました。身体の調子もよくて、希望が見えてきて、ようやく復帰に向けて前向きになれたところだったから、なおさらです。

「もしかしたら、本当に野球ができなくなるかもしれないのかな……」

最初の手術のとき以上に不安がわいてきました。

でも、手術を受けなければおそらく二度と野球はできない。

「だったら前に進むしかない」

無理やり、自分に言い聞かせました。

18時間の大手術

2回目の手術を受けたのは3月30日。

手術前は「体調を整えておくように」と言われただけで特別に準備することはなく、当日は点滴をしながら自分の足で歩いて手術室に向かいました。

事前に両親は先生から言われたそうです。

「時間が長ければ長いほど、いい手術だと思ってください」

すぐに終わってしまえば、手の施しようがないということ。腫瘍を取り除くことができないので、頭を閉じて、別の治療法に変更することを意味するのです。所要時間は当初7時間くらいと言われていました。

朝9時に始まった手術は、実に18時間におよびました。といっても、僕は全身麻酔で眠っていたので、意識が回復したときには終わっていたのですが、母は「生きた心地がしなかった」と話していました。

当日は父と神様に祈ったそうです。

「もう野球なんかできなくてもいいから、命だけは助けてください。元気になって帰ってきてくれればいいですから」

手術当日、両親は控え室で待っていたのですが、ひとことも会話がなかったといいます。そうして飲まず食わずで10時間ほどたったころ、たまりかねてナースステーションに行き、訊ねたそうです。

「いったいどうなったんでしょうか。もう10時間もたってますけど……」

すると、看護師さんが様子を見に行ってくれました。

「まだ手術中です。大丈夫だから安心して待っていてください」

「その声が明るかったので、少し安心した」と母は言います。

そこからさらに8時間も続いた手術は、先生方の尽力で無事成功しました。腫瘍は初期の段階で、「無事摘出しました」と両親に説明がありました。ただ、20時間近くずっとうつぶせの姿勢でいたので、鬱血《うっけつ》したのか、手術室から戻ってきた僕の顔や首はかなりむくんでいたようです。その様子を見た父が言いました。

「あれは慎太郎じゃない」

でも、母はすぐに僕だとわかった。それで「慎太郎よ」と否定しても、父は「いや、別の人だ」。看護師さんも呆れて言ったそうです。

「お父さん、何言ってるんですか。ほら、ベッドに横田慎太郎と書いてあるでしょう」

母に言わせれば、父はいわゆる「天然」の気があるようで、「ああいうところで天然ぶりを見せられるとさすがに腹が立つ」と怒っていました。僕も天然とよく言われるのですが、どうやらそれは父譲りのようです。

何も見えない

2回目は大手術で、麻酔も非常に強力だったらしく、術後数日は意識がはっきりしませんでした。母が言うには、その日のうちに目が覚めて、「よくがんばったね」と声をかけると「うん」と答えたらしいのですが、僕は憶えていません。問いかけに対しては「普通に答えていた」と母は言うのですが、麻酔が醒めきらず、朦朧《もうろう》としていたのだと思います。

「手術中は痛かった?」と母が訊ねると、こう答えたといいます。

「ずっと海のなかで魚と泳いでた。気持ちよかったよ」

どうやら夢を見ていたようですが、このやりとりももちろん憶えていません。

とにかく、自分の感覚では2日間くらいまるまる寝ていたという感じでした。

意識が戻ったと自覚したのは、母に名前を呼ばれたのが自分でわかったときでした。けれど、同時にそれは、僕の希望が粉々に打ち砕かれた瞬間でもありました。

「!?」

名前を呼ばれて目を開けた僕の前に広がったのは、真っ暗な闇。

何も見えないのです。

ほのかに光はさしていました。でも、視界はぼんやりしたまま。

「慎太郎、起きたね」という母の声は聞こえるし、そこにいるのはわかるのですが、顔が見えないのです。

手術が終わって目が覚めれば、はっきり見えている――そう思っていました。それなのに、以前よりも悪化している。びっくりしたというより、「はっ？」という感じでした。

「手術したのにこれかよ。いったいどうなってるんだよ……」

呆然とすることしかできませんでした。ついこのあいだまで見えていた世界が突然失われて、事態がよく呑み込めなかったのかもしれません。

ただ、ひとつだけ、はっきり確信したことがありました。

「おれの野球は終わった……」

涙すら出ませんでした。

脳腫瘍が発見され、大阪に戻るとき、秀太さんと大泣きしたと先ほど書きました。でも、そのときはまだ泣けるぶんだけ希望があったのかもしれません。今回は本当に涙すら出なかった。人間は本当に絶望すると、悲しみすらわいてこないんだと知りました。

そう、絶望――。22歳にして、僕は絶望感を味わいました。野球ができなくなることは、僕にとってまさしく絶望を意味します。野球は僕の、すべてだったから。

第2章

遠かった甲子園

ドラフト会議で阪神2位指名を受けた後、父と(2013年10月24日)

1995.6-2013.10

野球人生の始まり

父・真之《まさし》、母・まなみの長男として、僕は1995年6月9日、東京で生まれました。きょうだいは2歳違いの姉、真子がいます。

父はロッテオリオンズや中日ドラゴンズ、西武ライオンズで外野手としてプレーしたプロ野球選手でした。１９８５年に駒澤大学からドラフト4位でロッテに入団し、1年目途中からスタメンに定着すると、身体は小さいけれど俊足巧打を武器に2年連続打率3割をマーク。ベストナインに連続して選ばれました。ルーキーイヤーから2年連続3割を記録したのは、長嶋茂雄さん以来だったそうです。

僕自身は父がプレーしている姿を見たことはありません。僕が生まれたのは父が引退した年でした。母によれば、生後3、4か月のころ、西武球場で行われた父の最後の試合を母に抱かれて哺乳瓶をくわえながら見たそうですが、もちろん記憶にはありません。

祖母の手作りユニフォームを着た僕（2歳）と姉・真子（4歳）。バットのおもちゃを離さなかった

「プロ野球の風をちょっとでも感じてくれればいいな、と思って連れて行った」

母はそう言います。その影響もあったのか、物心がつくころにはすでに「将来はプロ野球選手になりたい」と思っていました。父がマスターズリーグの福岡ドンタクズでプレーしていたころは、ひとりでネット裏にかじりついて観戦していました。

3歳のとき、鹿児島県日置市に引っ越しました。幼いころから家にいるより外で遊びまわるのが好きで、山でタケノコを採ったり、川で魚を捕ったりしてから学校に行くような毎日を送っていましたが、小学3年生になるとすぐ、湯田ソフトボールスポーツ少年団という地元のソフトボールチームに入りました。チームに入れるのは3年生からだったのです。

「なんでソフトボール？」と思われるかもしれません。たしかにソフトボールというと、遊びの延長みたいなものを想像する人もいると思います。また、プロ野球に進むような選手はたいがい、小学生のころからリトルリーグなどで硬球を握ります。

でも、僕の地元にはリトルリーグのチームはなかったし、オリンピックなどを見ればわかるように、実はソフトボールは本格的にやろうとすると、想像以上にハードで難しく、決して野球にひけをとりません。

なにより、鹿児島はソフトボールがとても盛んな土地柄なのです。事実、福留孝介さん（中日）や大和《やまと》さん（横浜DeNAベイスターズ）、榎田大樹さん（西武）をはじめ、鹿児島出身のプロ選手にはソフトボールをやっていた人がたくさんいます。福留さんと榎田さんは全国大会で優勝しているはずです。元プロ野球選手の父も、「手首を鍛えるには大きなボールを持たせたほうがいいんだ」と言って、むしろソフトボールをすすめました。

ソフトボール漬けの小学生時代

僕が入ったのは、同じ小学校に通う子どもたちが集まったチームです。3年生から6年生まで20人ほどでしたが、地区大会では何度か優勝しています。

はじめてグローブを買ってもらったときのうれしさは、いまも鮮明に憶えています。手入れをしては指を入れ、パンパンと鳴らしてはまた手入れをする。飽きもせずそれを繰り返し、枕の横に置いて寝ました。

そのチームを指揮するのは、何十年も指導にあたっていた山田栄一監督。非常に熱心かつ厳しい方で、基礎と礼儀を徹底的に叩き込まれました。

練習は小学校のグラウンドで月曜日以外は毎日、授業が終わる午後4時から7時まで。日曜日はたいてい試合があり、休みはほとんどありませんでした。始めたころは「小学生なのに、なんでこんなに厳しいんだ」と思いながら練習していましたが、このときの経験があったからこそ、その後どんなにつらいことがあっても耐えられた。いまとなっては山田監督に本当に感謝しています。残念なことに、僕がグラウンドに復帰した翌年、２０１８年に山田監督は亡くなりました。

ポジションは、はじめはセンター、４年生からはピッチャーを任されるようになりました。身体はそのころから大きかったし、運動神経にも自信がありました。そのチームでも最初から試合に出してもらいましたが、当初は難しくて戸惑いました。

というのは、ソフトボールのピッチャーが投げるボールはもともとスピードがあるうえ、ホームまでの距離が短いからです。プロ野球選手であっても打ち崩すのは苦労するほどで、僕ものすごく速く感じました。それで慣れるまではけっこう時間がかかったのです。

当時、僕らが目標にしていたのが、年に一度行われる「鹿児島県ちびっこソフトボール大会」。鹿児島県内のチームがトーナメントで争う大会ですが、とくに思い出深いのは６年生のとき、最後の大会です。

１回戦は勝ちましたが、その数日前に左手の小指を骨折してしまいました。練習を

6年生の県大会

手伝いに来ていた社会人の方がバッティングピッチャーをしてくれたとき、つい本気で内角ギリギリを攻めてきて、デッドボールをくらったのです。

腫れ上がった小指は親指以上に太くなりました。

「投げるのは無理だろう」

監督は言いました。でも、「絶対に出ます」と僕は言い張りました。ピッチャーは僕ひとりだけだったからです。福岡に有名な病院があるというので、新幹線に乗って日帰りで3日ほど治療に通いました。

幸い、腫れはなんとか治まりました。

ただ、ソフトボールのピッチャーはブラッシングといって、腕を太ももの横にぶつけて投げます。「少しは痛みがやわらぐから」と、父がユニフォームの下に穿《は》くスライディングパンツにスポンジを縫いつけてくれましたが、投げるたびに指がジーンとしびれました。

それでも試合中はポーカーフェイスを装い、なんとか完投したものの、試合には負けてしまいました。最後の大会で優勝できなかったのが悔しくて、号泣したのを思い出します。

中学で全国大会に

中学に入学すると野球部に入り、いよいよ本格的に野球を始めることになりました。ソフトボールから軟球に持ち替えると、とても小さく感じたのを憶えています。

中学でも1年からレギュラーとして起用してもらいました。やはり最初はセンターで、その後はピッチャー。なんといってもピッチャーは目立つし、カッコよかった。

ピッチャーで出場した中学２年生の鹿児島県大会

そのころは打つより投げるほうが好きでした。高校野球をよく見ていたので、花巻東高校の菊池雄星さんのようにサウスポーのすばらしいピッチャーを見たときは、ピッチングフォームをよく真似したものです。

打順は1番か3番を打っていました。バッターとして憧れていたのは、走攻守三拍子揃っていて、しかもパワーもある糸井嘉男さん。のちに「糸井二世」なんて呼ばれることになるとは夢にも思わず、将来はあんな選手になりたいなと思っていました。

ソフトボールチームのメンバーがほぼそのまま入学するからか、その中学のチームもけっこう強くて、僕が2年と3年のときは県大会で2度優勝。九州大会でも2位になり、全国大会にも一度出場しました。

そのときはファーストで出場したのですが、会場だったのが横浜スタジアム。父もその土を踏んだことのある、プロが使うグラウンドではじめて試合をしたことで、「将来はプロ選手になりたい」という夢がさらに一段階高まった気がします。

小さな目標をひとつずつ

目標を決めたら、それに向かって一直線——どうやら僕はそういう性格のようです。別に親や先生にそうしろと言われたわけではないのですが、何かを始めたら、途中でやめるのは絶対に嫌だった。目標を達成するためなら、強制されなくても、自分で自分に負荷をかけ、自発的に自分を追い込んでいきました。義務感からでもなく、そうしないと気持ち悪かったのです。

「プロ野球選手になること」

小さなころから僕の目標はずっとそれでした。ただ、小中学生だった僕にとってそれは目標というより、憧れや夢といった漠然としたもの。すぐに達成できるものではありません。

では、どうすれば漠然とした夢を具体的な目標に置き換えられるのか。

「プロ野球選手」という大きな目標を掲げたうえで、そこにいたるまでの段階的な小さな目標を立て、それをひとつずつ達成していく――僕が選択したのはそういうやり方でした。その過程を積み重ねていくことで、自然と大きな目標に近づいていこうと考えたのです。

つまり、「プロ野球選手になる」という大きな目標を将来達成するには、いまの自分には何が必要なのか、何をしなければいけないのかを考え、少しだけがんばれば達成できそうな小さな目標を設定し、それを順々にクリアしていくことにしたのです。

誰かにアドバイスされたわけではないし、当時はもちろん、そんなふうに論理的に考えたわけではありません。意識的に行動したわけではない。いま振り返ると、結果的にそうしていただけなのです。

目標は毎日立てていました。そうしないと一日がただ過ぎていくだけ。小さくてもいいから、「今日はこれができるようになる」という目標をもって一日をスタートさせれば、やるべきことが明確になる。達成できればうれしいから、「次はこれができるようになろう」「あれをしよう」と新たな目標を考えると、達成しようという意欲がどんどんわいてきました。

すべては野球のために

小学校から中学までの僕の生活は、野球のためにあったといっても過言ではありません。

毎朝5時、甲子園のサイレンが鳴り、それから大音響で流れるテーマソングを目覚ましに起床し、まずは腕立て、腹筋、背筋。それから「○時に帰ってくるから、朝ご飯はそのときまでにつくっておいて」と母に言い残してランニングに出かけ、授業と練習が終わって家に帰ってきたら、素振りやシャドウピッチングに精を出し、ストレッチをして、遅くても夜10時には寝る……。

とにかくアスリートになりきったつもりで、一日一日、無駄がないようにきっちりスケジュールを組んで過ごしていました。母に言わせれば「本当にうるさい男」でしたが、だらだらと流されるのがとても嫌で、何事も自分で決めないと、そして決めたことを実行しないと気がすまなかったのです。

ランニングを終えてすぐに食事ができれば、それだけ早く学校に行けて、そのぶんたくさん朝練ができる。そうやって無為な時間を切りつめて節約することで、野球に費やせる時間を増やそうとしていました。

学校への行き帰りも、ときには駆け足でした。通学時間短縮と持久力強化のためです。カバンを学校に忘れて帰ってくることもよくありましたが……。

そういえば、ランニングの際に落ちているゴミを見つけたら必ず拾っていました。そうすれば何かいいことがあると思ったからですが、それは高校まで続けました。

そうした日課を毎日続けました。「疲れてるから今日はもういいや」と思う日もないわけではありませんが、もし一日でもやめてしまえば、それまで積み上げてきたものが無駄になってしまう。そうすればまた一からやり直さなければならない。それがたまらなく嫌でした。

つらいと感じたことはないし、義務感から行っていたのでもありません。好きな野球のためにしていることなので、つらいどころか毎日楽しかったのです。

「勉強しなさい」と言わなかった両親

そのころは野球以外のこと、野球がうまくなるために必要なこと以外はまったく興味がありませんでした。

友達がいなかったわけではありませんが、一緒にどこかに遊びに行ったり街に買い物に行くようなことはあまりなかったし、みんながゲームに熱中していても、アイドルに夢中になっていても、僕は全然関心を示しませんでした。家に遊びに来た友達がゲームをやっていても、ひとりで『週刊ベースボール』を読んでいた。ゲームは親から禁止されていて買ってもらえませんでしたが、そもそもやりたいとも思いませんでした。

勉強もそう。もともとあまり得意ではなかったこともあって、宿題とか本当に必要最低限のことしか自分からはやろうとしませんでした。社会科は好きで、成績も悪くなかったけれど、あとは中の下くらい。音楽は最低でした。

試験も全部一夜漬けです。通知表の先生のコメントには「野球をよくがんばりましたね。よく打ちました、よく投げました」と野球のことしか書いてない。担任の先生も困ったのでしょう。

両親も——いまになって後悔しているようですが——「勉強しなさい」とは言いませんでした。あるとき、テスト前だったので夜10時くらいまで勉強していると、母が言いました。

「勉強なんかしなくていいから、早く寝て、朝走りなさい」

父も、「おれも勉強しなかった。大学でもペンを1本しか使わなかった」と妙な自慢（?）をしていました。「その代わり、野球では絶対に人に負けるな」と言われていて、土日の試合には必ず両親そろって見に来てくれました。

そのころの愛読書は、やっぱり『週刊ベースボール』。僕の地元では毎週土曜日に発売で、それだけはもう、舐めるように読んだものです。そこに載っているトレーニングを実践したり、プロ選手のバッティングフォームの写真を見ながら真似したりしていました。

父から野球を直接教わったことはあまりありません。わからないことがあると訊ねたくらいで、練習相手になってくれたのはむしろ母でした。新聞紙を丸めてガムテープで巻いたボールを50個くらい用意して、母が仕事から帰ってくるとそれを投げてもらってはふとんに打ち返すという練習を、高校入学まで続けました。

家のなかで夢中になってバットを振っていたら、リビングボードのガラスを全部割ったこともありました。思わずふとんに逃げ込むと、母は「まあ、遊びでやったわけじゃないから、野球で稼げるようになったら直してくれればいい」と言ってくれて、しばらくして電球を割ったときも、怒りをこらえながら「出世払いね」と許してくれました（プロ入り後、ちゃんと弁償しました）。

憧れの鹿児島実業に入学

進学にあたっては、ありがたいことに県内のたくさんの高校から誘っていただきました。でも、僕には鹿児島実業高校しか眼中にありませんでした。

鹿実の野球部は県内屈指の強豪です。甲子園の常連といってもよく、ソフトバンクや巨人のエースとして活躍した杉内俊哉さんを筆頭に、プロ野球選手も多数輩出しています。

それだけに練習や上下関係に厳しいというイメージがあったし、監督も非常に厳しい人だと聞かされていました。なにしろ、親が子どもを入学させたがらないといううわさもあったほどです。でも僕は、やるからには県内でいちばん強くて、しかも厳しい環境に自分を置きたいと思っていました。

鹿実側も僕のことをとても高く評価してくれていました。監督が母に話したところでは、僕のプレーを見て気に入ったので鹿実に勧誘しようと思ったら、まだ2年生だった……ということがあったそうです。

だから期待はしていたものの、現実に憧れの鹿実から特待生の話が来たときは、飛び上がるほどうれしかった。その時点で鹿実に進学することを決めました。

申し訳ないけれど、ほかの高校は担任の先生から断ってもらいました。父は、母校である高知県の明徳義塾高校に行かせたい気持ちも少しはあったといまになって言っているようですが、そのときは「甲子園にいちばん近いから」と賛成してくれました。

はじめての寮生活

当時の鹿実の野球部員は120人くらい、同期は40人前後だったと思います。鹿児島県内だけでなく九州全域、遠いところでは大阪からやってきた同期や、東京出身の先輩もいました。

しかも、その多くが硬式経験者。なかには世界大会に出場したバッテリーもいて、周囲のレベルはとても高かった。そのなかで僕は硬球を握るのもはじめてで、「人並み以上に練習しないと」と誓ったことを憶えています。

入学と同時に寮に入りました。これがまた厳しくて、基本的に外出は禁止。携帯電話の持ち込みも不可。1、2年生はテレビを見ることもできません。僕自身は買い物ができなくても平気だったし、必要なとき以外は親と連絡をとることもなかったので、まったく苦になりませんでした。とはいえ、卒業したときは携帯の使い方もわからないし、流行もわからない、浦島太郎状態です。帰省が許されたのは、お盆と正月だけでした。

寮は6畳くらいの部屋に1年生、2年生、3年生ひとりずつが基本。1年生は厳しい練習が終わって寮に帰っても先輩がいるので、気が休まる暇がありません。

ただ僕の場合は、2020年まで西武に在籍していた当時3年生のピッチャー、野田昇吾さんとのふたり部屋でした。野田さんがとてもやさしく、「おれが全部教えるから」と笑顔で言ってくれたので、比較的楽だったと思います。

とはいえ、1年生はまず先輩の顔と名前をすべて覚えるのはもちろん、食器の片づけなどやらなければならない仕事がいろいろあるので、それなりに大変です。

幸いなことに、集団生活において必要不可欠な礼儀やあいさつ、マナー、道具を大切にする心といったことに関しては、父から厳しくしつけられていました。

そのことで、一度だけ父に激しく怒られたことがあります。

中学2年生のときでした。試合が終わった後、仲間と栄養ドリンクをふざけて飲んでいて、それを顧問の先生に注意されました。たまたま先生に会った母がそのことを知らされ、父に電話で伝えると、その夜、家に帰ってきた父が寝ていた僕を叩き起こし、胸ぐらをつかんでいきなり殴ったのです。

野球の技術については何も言わなかった父ですが、そうした人としての振る舞い、礼儀作法みたいなことに対してはとても厳しかった。野球をするうえでも、それらが技術よりもはるかに大切なことだと考えていたからです。人より野球がうまいからといって、ちょっとでも天狗になっているようなそぶりを見せたり匂わせたりしたら、即座に叱られました。

だから、高校に入っても、そういうことには自然と気を遣っていました。叱ってくれたことはいまも感謝しています。

ホームシックになる暇がないほどの練習

鹿実の練習が厳しいことはもちろん覚悟していました。でも、実際にやってみると想像以上にきつく感じました。はじめの1か月くらいは「お客さん」扱いでしたが、それを過ぎると一気に厳しくなりました。

一日の練習は朝練から始まります。毎朝5時半に起きると、6時過ぎから暑い日も寒い日も晴れの日も雨の日も雪の日も、上半身裸、体育ズボン一丁でグラウンドを走らされ、腹筋などのトレーニングをやらされました。まさしく軍隊のよう。OBの杉内さんは当時の朝練を振り返って、「100万円もらっても、あれだけは嫌だ」と著書で語っていたほどです。

1時間半ほどの朝練が終わると、学食で朝食をとってから授業へ。授業が終われば4時くらいから8時、9時、遅いときは10時ごろまで練習です。月曜日は一応休みでしたが、自主練をしていてあまり休んだ記憶はありません。

最初は肉体的にきつかったのはもちろん、それ以上に精神的に苦労しました。1年生は先輩にいろいろ気を遣わなければいけないし、そのなかで自分のペースで練習して、レギュラーを目指さなければならない。すごく大変でした。

唯一休めたのは授業中。学校に行っているときは、僕にとって安らぎの時間でした。担任の樋口靖久先生は、全国的にも有名な鹿実男子新体操部の監督。とても厳しく、学級委員長を3年間やらされて、席も最前列でしたが、授業中はぐっすり眠ることができました（笑）。

親元を離れるのはもちろんはじめてで、入学前は寮生活に対してとても不安があったものの、とくに寂しかったとか、帰りたいと思ったことはありません。日課をこなすのが精一杯で、ホームシックになる暇がなかったのかもしれません。

ただ、母に言わせると、一度だけ弱音を吐いたことがあったそうです。

鹿実のグラウンドは高台にあるのですが、寒い冬、そこから下を見ると、家々の明かりが見えます。

「その明かりを見ると、『いいな、帰りたいな』と思うことがある……」

帰省したとき、ポツリとつぶやいたらしいです。

「実家に帰ってきたときはすごくテンションが高いけど、寮に帰るときは『また地獄が始まる……』と、シュンとしていた」

母はそう言っていました。

1年生で4番に抜擢

はじめて試合に出たのは、入学してすぐの春の大会。代打で起用してもらったのですが、レフトフライに終わりました。

追い込まれて、しかたなく当てにいったという感じで、まったく納得できるバッティングではなかった。事実、それきり出場させてもらえませんでした。せっかくのチャンスだったのに半端なバッティングしかできず、自分がふがいなく、情けなかった。

やはり、中学時代とはスピードが違いました。予想以上にピッチャーのボールが速く感じられました。だからどうしても振り遅れて、当たっても力負けしてしまう。それでつい、当てにいってしまったのです。

硬球と向き合うのもはじめてで、最初はやはり怖かった。軟式に比べると重くて、当たれば痛い。石のように感じたものです。そのぶん当たれば飛ぶし、打球も軟式に比べるとはるかに速くて、うまく打てるととても快感なのですが、それだけの技術とパワーが当時の僕には不足していました。

まずはスピードに慣れるとともに、技術をつけなければ試合には出られないと思い、必死になって練習に取り組みました。そうして徐々に高校野球のスピードに慣れ、練習試合でヒットが出始めるようになると、そこからは打てなかったらその原因を自分なりに考え、いろいろ試行錯誤しました。

1年生は寮の仕事などもあって、肉体的にも時間的にも余裕がないのですが、なんとか個人練習の時間をつくりました。そうしないと上級生には追いつけないと思ったのです。

自慢するわけではないのですが、同期のなかではいちばん練習したと思います。僕だって、正直きつかった。とくに始めたころはそうでした。練習が終われば何もしな

1年生大会・県大会にて

いで寝たかった。

でも、休みたいという気持ちより、こう思う気持ちのほうがちょっとだけ強かったのです。

「みんなと同じ練習をしてるだけじゃダメだ！」

その焦燥感が、たとえ休みたいと思ったときでも自分の身体を駆り立てる原動力になりました。

そうやって一歩外に足を踏み出すことができればもう勝ちです。練習をするしかなくなる。ほんのちょっとがんばれるかどうかの差ですが、その差があとで大きな差となってあらわれる。僕が言うのも僭越《せんえつ》ですが、そういう気がします。

夏の大会が終わり、２年生を中心に新チームがスタートすると、４番に抜擢されました。夏の予選はベンチにすら入れなかったし、ましてやいきなり４番とはさすがにびっくりしましたが、初出場のときに中途半端なレフトフライに終わってから続けてきた努力が実ったのだと思いました。プレッシャーや不安は感じなかった。

「任されたからには絶対に結果を出してやる。自分のことを知ってもらうんだ！」

そう強く思いました。

その気持ちがよかったのか、県大会の初戦で４本のヒットを打ち、自信がつきました。それからは勝負どころでヒットを打つなど、チームの勝利に貢献できるバッティングをすることが目標になりました。

同時にバッティングスタイルも変わっていった気がします。それまではどちらかといえばヒット狙いでした。でも、４番を打つようになってから、「ホームランを打ちたい」という気持ちが強くなりました。長打を狙うようになり、スイングも大きくなっていったと思います。

一度もやめたいとは思わなかった

母は毎日、仕事から家に帰ってくるとき、気が気でなかったといいます。

「慎太郎が玄関に立ってるんじゃないか……」

練習がつらくて、寮から逃げ出してくるのではないかと心配していたのです。「そうなったらどうしよう」と父に相談すると、父は言ったそうです。

「絶対に家に入れるな。一度家に入れたら二度と出ていかなくなるから、引きずってでもバスに乗せろ」

親もそれくらいの覚悟が必要だったようです。

たしかに、鹿実の練習は本当に厳しかったし、監督やコーチからほめられたことも3年間で一度もなかったといっていい。叱られてばかりでした。ときには理不尽な怒り方をされたこともあります。

でも、僕自身は一度もやめたいとは思いませんでした。

小さいころから野球をずっとやってきて、始めたときからほかの人よりうまいといわれた。

「自分ができるのはそれしかない。野球で勝負するしかない」

そう決めていました。別にほめられなくてもかまわないタイプだったし、叱られたらもう一度やり直せばいいだけのこと。

「不屈不撓《ふとう》」

鹿実の野球部には、そういう教えがあります。どんな苦労や困難に遭おうとも、何度踏みにじられようとも、くじけずに起き上がる——そういう意味です。

この精神は間違いなく鹿実で植えつけられました。そして、不屈不撓の精神はのちの闘病の際、おおいに力を発揮してくれるのですが、それはまた別の話——。

一度もやめたいとは思わなかった最大の理由はやはり、野球が楽しかったことです。一生懸命練習すれば、それまでできなかったことができるようになる。その結果ホームランを打ったりして、いい成績を残せたときの達成感は格別だったし、それが「もっとうまくなりたい」というモチベーションを引き出すことになりました。

「もっともっと練習して、結果を出したい」

そう強く思いました。毎日なんらかの目標を立て、クリアしていく過程がすごく楽しかったのです。

努力することが好きだった

「努力することが好きだった」

僕のことを母はそう評します。僕自身もそんな気がします。

「小さいころから休んでいることが一度もなかった」と母は話していました。

とくに野球に関しては、ひとつ目標を設定したらそれに向かって一直線に努力し、達成するとまた次の目標を掲げて努力する——僕の毎日はその繰り返しだった気がします。そういう作業が苦になることはまったくありませんでした。

野球に関する知識ならなんでも貪欲に吸収しようとしたし、わからないことがあるとプロ野球選手の映像を見て、自分なりに工夫して試していました。父に「こういうときはどうするの？」と訊ねることもあって、いつも詳しく教えてくれました。

そうしてひと振り、ひと振り考えながらバットを振って、少しでも結果が出れば「これだ」と思って自分のものにするために継続し、うまくいかなければどうしてなのかを考え、別のやり方を試すということを繰り返していました。いつでも目標をもって、全力で達成しようとしていた気がします。

小中学生のときも野球一色でしたが、高校時代はそれ以上に野球だけの毎日でした。

「大切にしたいものがあるなら、目標を達成しようとするなら、何かを犠牲にしなければいけない」

ずっとそう思っていました。自分にとっては野球がなによりも大切だったし、甲子園に行き、将来はプロ選手になるという子どものころからの大きな目標がありました。

「ならば、野球にすべてを捧げてもかまわない」

そんな決意で野球に打ち込んでいたし、それが苦にもならなかった。

親から小遣いとして毎月５０００円を口座に入れてもらっていましたが、ほとんど使うことはなく、卒業するときには18万円も残っていました。

机の前には、こうしたためた紙を貼っていました。

「努力は裏切らない」

最後の夏、県大会決勝、9回裏

でも――結果からいえば、鹿実在学中の3年間、春夏通じて一度も甲子園に出場することはできませんでした。

甲子園に出ることが鹿実に進学した理由のひとつであり、目標だったので、いまだに悔しい気持ちはぬぐえません。「あれだけきつい練習をしたのに、どうして行けなかったんだろう」と……。

決して実力が足りなかったわけではないと思います。甲子園に行くだけの力は十分にあった。事実、2年と3年の夏は県大会の決勝まで進みました。

とくに僕らの学年はまとまりがあって、団結していました。強豪校は部員が多いので、試合に出られない選手もたくさんいます。そういう部員たちがやる気を失って、そこからチームが崩壊していくという話をよく聞きますが、僕らの代はたとえ試合に出られなくてもみな本気で野球にかけていて、レギュラー組の練習にも根気よくつきあってくれました。

控え部員たちの「甲子園に行きたい」という気持ちは、僕らに負けないくらい強かったのだと思います。自分ができること、サポートをすることがその願いを実現することになる――それがモチベーションになっていたのでしょう。

ベンチに入れず、暑いなか、スタンドで必死に応援してくれる控え部員たちの姿を見ると、涙が出るほどでした。彼らの支えがなければ決勝まで行くことはできなかった。とても感謝しています。だからこそ、試合に出られない部員たちのためにも、どうしても甲子園に行きたかった。

とりわけ最後の夏は、いま思い出しても悔しい気持ちでいっぱいです。

相手は樟南《しょうなん》高校。前身の鹿児島商工時代から、鹿実、鹿児島商業高校(現在、父が監督を務めています)とともに鹿児島の高校野球をリードしてきた名門で、大和さんらプロ野球にも多数人材を輩出しています。両校が決勝で激突するのは3年ぶり、10

3年生のときには4番打者と投手を兼務した

回目のことだったそうです。

試合は3回表、僕のタイムリー三塁打で鹿実が先制しました。しかし、その裏1点を返され、さらに6回、連打で逆転を許します。なんとか7回表に追いつき、3対3のまま9回裏に突入しました。

同点に追いついたことで、勢いはこちらにありました。

「この回を抑えたらいける!」

確信していました。

しかし、その気持ちがかえって僕らの落ち着きを失わせたようです。先頭バッターにヒットを打たれ、さらに盗塁と四球、送りバントであっという間にワンアウト二、三塁にされてしまいました。

絶体絶命のピンチ。

「ふだんの自分たちじゃない……」

そんな嫌なムードが漂っていました。

次のバッターはサードゴロでツーアウト二、三塁となり、続くバッターの打球もサードの前に転がりました。

「よし！　サードゴロ」

レフトから見ていた僕は思いました。

ところが、打球がイレギュラーし、サードが後逸。ショートがカバーして一塁に送球しましたが間に合いません。サードランナーがすかさずホームを陥れ、僕らはサヨナラ負けを喫したのでした。

僕は自分が三塁手になったかのように呆然として、ゲームセットの声がかかってもしばらく動けませんでした。

2年生のときは、正直言ってチームの成績よりも自分の数字、成績のほうが大事でした。決勝で負けたときも「まだ来年がある」と考えることができた。

でも、3年生のときはそれまでとは違う、特別な感情がありました。プロに行くうえでも甲子園に出たか出ないかで評価が違ってくるし、試合に出られないなか、懸命に応援してくれる控え部員のためにも、最後の夏はどうしても出場したかった。

負けた後、寮に帰ってからも、「これで高校野球は終わり」と思うと、悔しくてたまりませんでした。「これで苦しい練習から解放される」とはしゃいでいる部員もいましたが、僕はそんな気持ちにはなれずにひとり部屋に閉じこもり、ベッドの上でボーッとしていました。まさしく放心状態です。しばらくは何もする気が起きませんでした。

すべてはプロに行くために

しかし、放心するだけ放心すると、次の日にはもう気分を切り換えて素振りをしていました。甲子園出場とともに、僕にはもうひとつ大きな目標があったからです。

もちろんそれは「プロに行く」ということ。敗れた翌日から、それが最大にして唯一の目標になりました。「努力は裏切らない」と書いた紙を机の前に貼っていたと述べましたが、実はもう1枚、こう書いた紙を天井に貼っていました。

「すべてはプロに行くために」

子どものころからの夢だったプロ野球選手が、現実的なイメージとして立ち上がってきたのは2年生のとき。具体的に言えば、夏の県大会決勝のときです。

相手は神村学園。初回に5点を奪われての2回表でした。先頭バッターとして打席に入った僕は、ライトオーバーのホームランを放ったのです。

ピッチャーはのちに楽天ゴールデンイーグルスに入団する柿澤貴裕さん。インコース高めのまっすぐを振り抜いた会心の当たりです。試合には負けましたが、僕はこのほかに二塁打とヒットを打ちました。あと三塁打が出ていればサイクルヒットです。

「プロに行くようなピッチャーを打ってこそ、プロに行ける」

ずっとそう思っていたので、柿澤さんからホームランを打てたこと、しかも勝負球のストレートをとらえたことで自信が生まれ、本気でプロを目指す気持ちが固まったのです。

意識が変わると、自然と行動も変わるといわれます。プロが具体的に明確な目標になってから、僕自身もガラッと変わりました。

それまでも人に負けない練習をしているという自負はありましたが、実際にスカウトの方々も見に来るようになり、ここで結果を出せばプロに行けると思えるようになったことで、さらに自分に厳しくなることができました。

上級生になって寮での雑用から解放され、以前よりも個人練習に費やせる時間が多くなったので、練習量を増やすことができたし、自分がしたい練習をできるようにもなりました。自分の課題修正や弱点強化に特化したメニューを自分なりに組むことができたので、質も上がったと思います。

たとえば試合で三振したり凡退したときは、その日にうちに原因を徹底的に解明し、ならばどうすれば打てるようになるか、自分で考えて修正しようとしました。逆に打ったときもどうして打てたのかを考え、それを継続できるよう身体に覚え込ませたものです。母が言うには、「とくに3年生になってからは近寄りがたかった」そうです。

自分ではそんなつもりはなかったのですが、それほど必死だったのでしょう。

甲子園の夢が絶たれたことで、プロ入りにかける気持ちがさらに強くなりました。

3年生は夏の大会が終わると引退し、練習に参加しなくなるのが普通だと思いますが、鹿実は引退しても練習を続けることになっていました。いきなり部活がなくなると私生活が乱れかねないというのが理由のようです。少なくとも朝練は全員参加でした。

プロではバットは木製になるので、金属から木製に切り替えて練習しました。木製でも芯に当たればボールは飛びます。ホームランを何本か打ったら、すごく楽しくなりました。ただ、芯でとらえないと飛ばないし、バットも折れる。より正確にミートすることを心がけなくてはなりません。

実は当時、社会人のチームから誘いがありました。監督からは「一度見学に行ってみろ。いい勉強になるぞ」と言われましたが、僕にその気はまったくなかった。3年生の10月に進路について親と学校の面談があったときも、事前に母にはっきり言いました。

「社会人には絶対に行かない。たとえドラフトで指名されなくても、育成枠でプロに行く。だから、学校から社会人をすすめられても、間違っても話に乗らないでね」

指名してくれればどこでもよかった

プロ志望届を提出すると、９球団から調査書が届きました。調査書とは、球団が興味をもっている選手の所属チームに送付するもので、身長・体重、体力テストの数値、家族構成などを記入して送り返す書類です。簡単にいえば、「ドラフトで指名するかもしれませんよ」という球団の意思を示したものです。

鹿実の野球部でプロ志望は僕ひとりでした。球団はどこでもよかった。不思議に思われるかもしれませんが、小さいころから好きな球団というのが僕にはありませんでした。九州なので、周囲はソフトバンクのファンが多かったけれど、僕はプロ野球自体が好きだったのかもしれません。指名してくれるなら、プロに入れるなら、北海道であろうと、関東であろうと関西であろうと、本当にどの球団でもかまわなかったのです。

もちろん、調査書が届いたからといって指名が確約されたわけではありません。高校時代に僕は通算29本塁打を打ちましたが、甲子園には出ていないし、全国的には無名です。ドラフト当日まで、どの球団が指名してくれるかはもちろん、そもそも指名があるのかもわかりませんでした。ドラフト会議の1か月くらい前から意識し始めて、近づくにつれ、そわそわしていたのを思い出します。

ドラフト会議当日はいつものように朝練をして、学校で授業を受けたのですが、ドラフトのことで頭がいっぱい。上の空で聞いていました。ドラフト会議は夕方に行われることになっていたので、授業が終わってから校長室に行き、始まるまで母親と一緒に過ごしました。テレビの生中継が始まりそうになると、僕だけ別の部屋に連れて行かれて、テレビ局のカメラが見守るなか、指名を待つことになりました。

まさかの阪神2位指名

始まってしばらくすると、突然部屋の外が騒がしくなりました。ほぼ同時に扉が開いて、誰かが叫びました。

「横田、おまえ阪神の2位だぞ！」

驚きました。どこからか指名はあるだろうと予想はしていましたが、まさか2位とは……。

正直、「3位なら最高だな」と考えていました。それなのに、高校生の僕が、ましてや甲子園にも出場していない無名の僕が2位で指名されるなんて夢にも思っていませんでした。しかも、巨人と並ぶ伝統があり、ファンも熱狂的なことで知られる阪神タイガースです。

あとで知ったのですが、タイガースは毎年、大学や社会人の即戦力選手を1位で指名し、2位はもっともほしい高校生を指名するのが通例だそうです。それほど高い評価をしてくれたわけです。

タイガースと聞いて真っ先に思い浮かんだのは、本拠地が甲子園球場ということでした。強く憧れながらも甲子園出場を果たせなかったので、甲子園で試合ができると思うと、すごくうれしかったのを憶えています。加えて、当時タイガースには福留さんや大和さん、榎田さん、金田和之さんら鹿児島出身の選手が多く、比較的なじみがあったことも僕にはありがたかった。

その後、記者会見があったはずですが、何をしゃべったか憶えていません。どこでしゃべったのかも……。それだけ興奮していたのだと思います。それが終わると、みんなに胴上げをしてもらいました。

実はそのころ——母は情報がいっさい入らず、何が起こっているのかわからないまま、ひとり校長室に取り残されていました。すべてが終わった後、久保名誉監督から「お母さん、横田は阪神タイガースに2位指名されましたよ！」と聞かされ、ただただ涙があふれたそうです。

それはともかく、その日はなかなか寝つけませんでした。望外の評価をいただき、みんなに胴上げされたときは、飛び上がるほどうれしかった——子どものころからの夢がかなったのだから。

でも、考えてみれば、まだ僕はやっとスタートラインにつくことを許されたに過ぎません。2位というのは、それだけ僕の可能性を評価してくれたということ。ありがたかったけれど、今度は僕がその期待に応えなければなりません。球団は185センチ、84キロ、50メートル6秒2という僕の潜在能力を買ってくれたのだと思います。技術はまだまだなので、一から学んでいく必要があることはわかっていました。ここからが本当の勝負なのです。

ドラフト会議の後、仕事場から駆けつけた父と

「もっともっと練習して、本物のプロ野球選手にならないと……」

強く誓って眠りに落ちました。

第3章

一軍を目指して

中日とのオープン戦で二塁打を放ち、この日も猛打賞。開幕スタメンを手にした（2016年3月18日）

2014.1-2017.2

背番号は桧山さんの「24」

2014年が明けてすぐ、僕はバット1本を入れたバットケースを持って、兵庫県は西宮市の選手寮、「虎風荘《こふうそう》」に入りました。そのバットケースは父から譲り受けたもので、現役時代に落合博満さんにつくっていただいたそうです。父は宝物のように大切にしていました。

入寮にあたって、球団からは「親御さんも来てください」と言われましたが、「社会人になるのだから」と、ひとりで行きました。部屋は高校時代と違って完全な個室で、ひとりの時間がもてるのがうれしかったのを憶えています。

高校時代は途中からピッチャーも兼任していましたが、プロではバッター一本で勝負することに決めていました。ピッチャーとしてはたいしたことないとわかっていたし、球団も最初からその方向で考えていました。

背番号は24に決まりました。よほど鳴り物入りで入団する選手でないかぎり、高卒のルーキーは大きい背番号からスタートするのが普通なので、びっくりしました。

しかも24は、前年に引退したばかりの桧山進次郎さんが長らくつけていた番号。桧山さんは僕と同じ左バッターの外野手で、かつては4番を打ち、選手生活晩年には「代打の神様」と呼ばれたほどの名選手です。僕も小さいころから見ていました。

そんなタイガース生え抜きの偉大な選手の番号を、僕のような無名の高校生がすぐに受け継いでいいのか。なんの実績もないのに失礼ではないのか——正直、そう思いました。

実は、事前に提示された背番号のなかには、31番もありました。31番といえばもちろん、「ミスタータイガース」掛布雅之さんです。

最終的には「お任せします」ということで球団に決めていただいたのですが、いずれにせよ、タイガースにとって重い意味をもつ背番号を用意してくれたということは、それだけ期待してくれているということ。実際にそう言われました。

もともと僕は期待されるのが嫌いではありません。高校時代、1年生の秋からずっと4番を任されましたが、いつでも「自分が決めてやる」と思って打席に入っていました。期待がプレッシャーになったことはありません。

とはいえ、さすがに24番は「次元が違うな」と思いました。重荷に感じないでもなかった。でも、「とにかく徐々に力をつけていくしかない」と気持ちを切り替えました。「そうして背番号に恥じない選手になればいいんだ」と──。

打球が前に飛ばない

「プロに入ったからには、一日も早く一軍で活躍する」──あたりまえですが、まず考えたのはそういうことです。そのためにはプロのスピードに慣れなくてはいけません。

高校に入学したときも中学とのスピードの違いに驚いたものですが、高校とプロの差はその比ではありません。ピッチャーの投げるボールのスピードはもちろんですが、クイックモーション、牽制、バッターならスイング、打球、守備、走塁、判断……すべてが高校とは段違いに速い。そのスピードを克服しなければ太刀打ちできません。

1月に行われた新人合同自主トレでは、時間を見つけてはマシンを相手に打ち込みました。2月の安芸《あき》キャンプは慣れない毎日で疲れがたまっていたのか、扁桃腺《へんとうせん》を腫らして熱を出し、出遅れてしまいましたが、合流してはじめてのフリーバッティングでは、マシンとバッティングピッチャーから7本の柵越えを放ちました。そのなかにはスコアボード直撃の一発もありました。

しかし、その後行った実戦形式のシートバッティングでは全然打てませんでした。はじめて対戦したプロのピッチャーのストレートは、それまでに体験したものとは次元がまったく違ったのです。

高校時代はいくら速いと感じても打ち返すことができたのですが、プロのピッチャーのボールは二軍であってもグンと伸びてきた。「ストレート行くね」とあらかじめ言われていても、前に飛ばないのです。バットに当たっても、全部バックネット直撃のファウルになってしまう。自分が予想しているよりも手元で伸び上がるので、ボールの下をこすってしまうわけです。

変化球にはさらに驚かされました。スライダーは見たことないくらい曲がるし、フォークボールは文字通り、ボールが消えたのです。

「ああ、これがボールが消えるってことなんだ……」

高校時代はフォークを投げるピッチャー自体あまりいなかったし、いてもちょっと落ちる程度だったので、プロのフォークには感動すら覚えました。

そこで、まずはできるだけ多くピッチャーのボールを見ることが必要だと思い、とにかく打席に入り、時間があればブルペンに行って投げるのを見ることから始めました。

6本塁打でも実力不足を痛感

はじめはストレートに対して打球がなかなか前に飛ばず、変化球の曲がりにもまったく対応できませんでしたが、キャンプで練習を繰り返すうち、少しずつバットに当たるようになっていきました。ゴロの凡打の山を築いていたのが、徐々にフライが上がるようになった。ヒットも出始めて、不安ばかりだったのが、ようやく「なんとかやっていけるかな」と前向きに考えられるようになりました。

コーチにはほぼマンツーマンで指導してもらいました。いろいろなバッターの映像と自分を比較して、「おまえはいまこうなっているから、ここをこう直せ」と言われたことを、ティーバッティングなどで修正していく。そういう作業を繰り返しました。

また、結果を残している先輩方の話を聞いたり、アドバイスを求めたりして、自分なりに取り入れました。正直、高校までは来た球をただ振るだけ。しかも基本的に自己流でした。プロに入ってはじめてバッティングを一から学んでいる気がしました。

そうやってプロのスピードに慣れるとともに、バッティングフォームを固めることを意識して毎日練習に取り組みました。毎日夜10時には就寝し、朝5時半に起きると、部屋でストレッチ、ときには素振りもしてから練習に向かいました。休日も朝の素振りは欠かしません。

1年目はウエスタン・リーグで79試合に出場し、ホームランを6本打ちました。とくにプロに慣れてきた後半からは試合にずっと出してもらい、自分の持ち味である長打も増え始めて、少しは存在をアピールできたかなという気はします。

2014年7月17日に長崎で行われたフレッシュオールスターでは、結果は2打数ノーヒットに終わったもののウエスタン・リーグ選抜の「7番・レフト」で先発出場。8月3日、ウエスタン・リーグのオリックス戦でプロ初ホームランを満塁弾で飾ると、「9番・センター」で出場した8月31日の中日戦では、2打席連続を含む3本塁打をすべてレフトスタンドに放ったこともありました。

とはいうものの、打率は・225と低かったし、総合的に見れば「まだまだ厳しいな」というのが正直なところでした。明らかに実力が足りなかった。

「試合に出ることを淡々と終わらせるな」

監督やコーチにはたびたび言われました。試合に出たことで満足するのではなく、打てたときも打てなかったときも、何がよかったのか、どこが悪かったのかをしっかり自分で考え、反省し、消化したうえで次の試合に臨め——という意味です。

こうした作業は高校時代も行っていたつもりですが、プロはやはり突き詰め方が違う。若手選手にはノートを提出することが課されていました。試合に出場したときは必ず、1打席1打席、どんなボールを打ったか、打たなかったか、自分の対応をチャートにし、それに関する自分なりの反省点や修正点などを翌朝コーチに提出するのです。コーチがそれを見て、コメントやアドバイスを返してくれることになっていました。これはとても勉強になりました。

「この1年の経験を活かして、来年は絶対に一軍に上がってやる！」

誓いとともに僕のプロ1年目は終わりました。

予想以上に長くハードな1年目

ところで、1年目はグラウンド以外でもいろいろなことがありました。ルーキーで、しかも高卒だから、年齢的にもいちばん下。あたりまえですが、コーチや先輩、スタッフさんの名前と顔を覚えるところから始まり、あいさつや礼儀といったことにもいろいろ気を遣いました。

平田勝男・二軍監督の世話係も、1年先輩の北條史也さんから引き継ぎました。

「朝はこれとこれを準備するんだよ」と北條さんが手取り足取り親切に教えてくれま

したが、ほかにもベンチの掃除とか片づけとか、新人には野球の前にやらなければならない仕事がいろいろありました。

プロのキャンプをはたから見ていると、和気あいあいと楽しそうにやっている感じがするかもしれません。僕も見ていたときは、それほどきつそうとは思いませんでした。

でも、実際は驚くほどハードです。高校時代はいくらきついといっても、授業があるので一日中練習しているわけじゃない。その点プロは文字通り、一日中野球漬け。朝早くから夜遅くまで練習が続く。しかも、それを毎日繰り返すわけです。若手は休みの日にも自主練があり、先輩にも気を遣いながら自分の練習をしなければならない。慣れるまではけっこう時間がかかりました。

シーズンが始まったら始まったで、とても長く感じました。1年間、毎日のように試合があり、しかも半分くらいは遠征です。試合前に練習して、打てても打てなくても試合後は夕方から練習し、次の日はまた練習、そして試合……ずっとこの繰り返し。予想していた以上に身体がきつかったです。

うれしい驚きだったのは、寮の食事です。高校の寮の食事は三食とも業者の仕出し。食べるころにはすっかり冷えきっていました。それでもお腹が減っているのでおいしくいただきましたが、虎風荘ではできたてを食べることができました。メニューも栄養士さんの管理のもと、毎食肉が出たりして、それまで食べたことがないくらいの豪華さでした。「さすがにプロはすごいな」と感激して、母に「高校とは全然違って、すごいごちそうだよ」と電話したほどです。

びっくりすると同時に、とても感激したことがもうひとつ。24番のユニフォームを着て応援してくれる人がいたのです。

高校時代はファンといっても、せいぜい試合を見に来てくれるだけ。ユニフォームを着ていたのは大阪の方でしたが、練習にも朝早くから来てくれていました。

「本当にプロ野球選手になったんだなあ」

そのことを実感した出来事でした。

天然でいじられキャラ

私生活でも最初はいろいろ戸惑いました。

それまで緑しかない田舎で野球だけをやって育ってきて、大会や練習試合以外で鹿児島を出る機会はほとんどなかったので、はじめて体験する大都会・大阪には大きなカルチャーショックを受けました。街に行くとネオンがギラギラしているので目がチカチカして、慣れないうちはとても疲れたものです。

言葉がわからないことにも戸惑いました。鹿児島の言葉はおっとりしているというか、ゆっくりしていて、人々の動きものんびりです。対して関西弁はものすごく早口で、動きもせかせかしている。コーチに関西弁で何か言われたときは、怒られているのかと思いました。それで「はい、すみません」と謝ると、「怒ってんちゃうわ!」。最初はそんなことばかりでした。

でも、先輩や周囲の人たちはみな、とてもやさしく接してくれました。その年に高校から入ったのは僕ひとりだったからか、非常にかわいがってもらいました。

たとえば「○時に日本橋《にっぽんばし》に集合」と言われても、僕は大阪の地理がまったくわからない。それで迷うことがしばしばでした。するとみんな心配して、手分けして捜してくれる……そんなことが何度もありました。

それに、どうやら僕は「天然」らしく、ほうぼうでいろいろやらかしたようで、先輩たちからよくいじられました。自分ではちゃんと考えて行動しているつもりなのですが、周囲から見ると、常識外の言動に映るようなのです。せっかくなので、いくつか紹介してみます。

最初は入団会見のとき。24番をつけることになった感想を聞かれ、僕は思わずこう言ってしまいました。

「24番というすばらしい番号に……ふが、ふがいない結果を残したいです！」

「ふさわしい」と言うつもりでした。

プロ入り最初のキャンプに発熱で出遅れたので、翌年トレーナーから「風邪ひくなよ！」と声をかけられました。「大丈夫です」と僕は元気に答え、こう続けました。

「乾燥機使ってますから」

加湿器でした。

同じく2年目のキャンプ。トレーナーに人差し指を見せて言ったそうです。

「薬指が痛いんです」

台湾で行われるウインターリーグに出発する際、海外は生水が怖いので「お腹に気をつけてね」と言われた僕。

「腹筋を鍛えてるので大丈夫です!」

先輩が「コーヒー飲む?」と聞いてくれたとき。

「はい!」

「ブラックでいい?」

「ブラック以外、なんの色があるんですか?」

初ヒットを記録したとき、ボールを記念にもらったのですが、翌日なくしてしまい、いくら探しても見つかりません。しかたないので、練習用のボールが入ったケースからひとつ取り出して言いました。

「これでいいです。ボールはボールですから」

掛布さんのマンツーマン指導

すみません、話を戻します。

1年目のオフは休みなしで練習に取り組むつもりでしたが、10月に腰痛で離脱、二軍のオープン戦「みやざきフェニックス・リーグ」には出場できませんでした。11月には1日限定ではありましたが、一軍の練習に参加。和田豊監督からは「ホームランバッターの軌道。ひょっとしたら糸井のような選手になるかも」という評価をいただきました。体重も10キロくらい増え、94キロになりました。

2015年、2年目の目標はもちろん「一軍定着」。そうして迎えたこの年でしたが、僕にとってはもっとも悔しいシーズンになりました。

安芸で行われた二軍キャンプでは、1年目に引き続き、当時育成&打撃コーディネーターだった掛布雅之さんからマンツーマンで指導を受けました（ちなみに、小柄な左バッターだった父は掛布さんに憧れていたようで、僕が手取り足取り教えてもらっているのを見て、こう言ったものです――「おまえには10年早い。おれが教えてほしかったわ」)。

1月に僕の自主トレを見た掛布さんは言いました。

「高卒の2年目としては松井（秀喜）以上」

「阪神を今後10年常勝チームにするには、軸になるバッターをつくらなければならない。その第一候補が横田です」

もちろん、マスコミ向けのリップサービスで、僕を発奮させる狙いがあったのだと思います。ただ、掛布さん自身も高校時代はまったく無名で、ドラフト6位から猛練習で這《は》い上がり、「ミスタータイガース」と呼ばれるまでのホームランバッターになった経歴をもっています。それだけに、同じ高卒の左の長距離バッターである僕に大きな期待をかけてくれていたのは事実だと思います。

「横田はひとりで黙々と練習するのがいい」

テレビなどでもコメントされているのを耳にしたことがあります。

「選手はコーチに『心血を注ぎたい』と思わせる空気、存在感、メッセージを発しないといけない。二軍でいちばんそう感じさせてくれるのが横田なんです」

掛布さんはそんな話もしていたそうです。

「ひざと腰と肩、そしてバットを平行に振る」

掛布さんにしつこいくらいに言われたのは、レベルスイングを身につけることでした。

僕は左利きなので、スイングのときにどうしても左腕の力が勝ってしまいます。その結果、左手首が早く返り、打球がファーストゴロやセカンドゴロになってしまう。しかも、右肩が早く開くことになり、そうなると強い打球が打ち返せないばかりか、甘いボールを打ち損じ、カウントを追い込まれて厳しいボールにも手を出さなければならなくなる……そういう悪循環が続いてしまうのです。だから意識して腰とバットを平行に振ることが大切になるわけです。

「おまえは右が弱いから、右を鍛えろ」

掛布さんに命じられ、いつも右腕に負荷をかけるようにしたところ、いまでは食事でも箸を右手で持つようになりました。

雑になったこと。それが二軍落ちの原因

出だしは順調でした。

2月27日に一軍に呼ばれ、翌日のオリックスとのオープン戦に初出場して4打数1安打。3月3日のソフトバンク戦には「1番・ライト」で先発し、4回ツーアウト満塁の場面で武田翔太さんからタイムリーを放ち、初打点を記録しました。ファーストベースに立ったときの大歓声はとてもうれしかった。

「やっぱり一軍は違うな。ここで活躍したいな」

あらためて思ったのを憶えています。

しかし、それ以上の結果を残すことはできませんでした。

練習試合とオープン戦合わせて4試合、一軍の試合に出場しましたが、14打数2安打の打率・143。3月なかばに二軍行きを命じられると、そのまま一軍に復帰する

ことはできませんでした。

絶対に一軍でやれると確信していただけに、悔しかった。その後、二軍の試合や練習でもうまくいかない状態が続いて、「なんでかな」と思っているうちに1年が過ぎていったという感じでした。

いま思えば、二軍であってもずっと使ってもらっていたので、悪い意味での余裕ができたのかもしれません。打席に臨むときの気持ちが雑になった。たとえ打てなくてもまた使ってもらえると考え、淡々と打席に向かってしまったのです。打てればただ喜んで、打てなかったら「次がんばればいいや」と思っていた。

1年目にコーチから「試合を淡々と終わらせるな」としつこいくらい教えられていたにもかかわらず、淡々と打席を終わらせ、また淡々と打席に向かっていたのです。

1打席1打席、もっと集中して大事にしていたら、違った結果になったのではないかと感じます。自分ではそれなりに練習したという自負があったし、なんとかなるだろうと過信していたのかもしれません。悪い意味でプロに慣れ、甘さが出た。だから、なおさら悔しかったのです。

「もっともっと自分を追い込まないといけない……そうしないと先はないぞ」

危機感を覚えました。

初の一軍キャンプ参加

チームスローガンに「超変革」を掲げ、金本知憲さんが新たに監督になった2016年。3年目にして僕は、はじめて一軍のキャンプに抜擢されました。

「タイガースの伝統として、大砲、ホームランを打てる打者が出てこない」

監督就任会見でそう語った金本さんは、期待する長距離砲候補として、江越大賀さん、陽川尚将さんとともに僕の名前をあげてくれました。外野の一角を占めていたマット・マートンが前年かぎりで退団したこともあり、なんとかポジション争いに名乗りをあげたい――そんな決意を胸にキャンプに入りました。

「とにかく自分の存在をアピールしよう」

はじめて一軍でプレーするにあたって考えたのは、そういうことでした。自分をアピールするためには、人とは違うところを見せなければいけない。そこで、まずは大きな声を出すことから始め、足には自信があったので、走塁と守備で存在感を発揮しようと思いました。

もちろん、僕の最大のアピールポイントはバッティング。長打です。とはいえ、チャンスがかぎられているなか、いきなりバッティングで結果を出すのはなかなか難しい。そこで、自信があった走塁や守備を足掛かりにリズムをつくろうと思ったのです。そうやって出場機会が増えればおのずと打席に立つ回数も増えてくるし、そうなれば結果も伴ってくるはず。そう考えました。

キャンプイン早々、金本監督にも直接指導してもらったし、先輩たちのプレーから気づかされることもたくさんありました。とくに同じ左バッターの福留さんや鳥谷さんのバッティングは見ているだけで大変勉強になりました。

福留さんも鳥谷さんも、どんなボールに対しても身体が開くことがありません。しかも、力を入れていないように見えるのに打球が遠くに飛ぶ。鹿児島の先輩でもある福留さんは、こんなアドバイスをしてくれました。

「投げるときは、力を入れなくても自然と左腕を後ろに引くだろ。それから自然とトップをつくってから投げるはずだ。バッティングも同じ。打つときも力はいらない」

同じことを金本監督や片岡篤史コーチにも指摘されていました。なんとかその打ち方を自分のものにしようと、フォーム固めに努める一方、実戦でもチャンスを与えてもらいました。

2月16日、楽天との練習試合で二塁打とソロホームランを放つと、オープン戦でも明大から入団した高山俊さんとの1、2番コンビでスタメンに起用され、9試合連続ヒットを含む打率・393をマークしました。この打率はセ・リーグ1位、オープン戦で打ったヒット22本は12球団で最多だと聞きました。

開幕スタメン

「与えられたチャンスは必ずモノにする」

そういう気持ちで、1試合1試合、1打席1打席、無我夢中でプレーしました。とにかく必死で、数字なんてまったく顧みる余裕がなかった。気がついたら、そういう記録が残っていたという感じです。

実は、はじめはなかなか結果が出ませんでした。せっかくはじめて呼んでもらった一軍のキャンプなのに、紅白戦では三振ばかり。実力のなさを痛感させられるとともに、日々焦りが募っていきました。そんな状態で練習試合やオープン戦を迎えることになったのです。

最初の練習試合の前、金本監督が宣言しました。

「これから結果を残せない選手は、二軍との入れ替えをしていく」

「おれのことだ……」

僕は思いました。

「なんとしても結果を出さなければ」

崖っぷちに追い込まれた僕は、9番でスタメン起用してもらったその試合で、ホームランと二塁打を打ちました。おかげで、それからずっと使い続けてもらうことができたのです。

とはいえ、ほっとしている暇などありません。野球を始めたころに戻ったような気持ちで、毎日全力でプレーしました。

これが結果的によかったのだと思います。3月25日、京セラドームでの中日との開幕戦のスタメンに、「2番・センター」で名を連ねることができました。

先発を言い渡されたのは試合直前でした。開幕前に願っていたのは、「とりあえず一軍で開幕を迎える」ということ。一軍昇格は実力が評価されたのではなく、試されているのだということはわかっていました。だから、とにかく二軍に落とされたくない一心で、スタメンなんて全然考えていなかった。

それがいきなりですから、さすがに足が震えるくらい緊張しました。高山さんによれば試合前、ファンの子どもにあげるためのサインボールでキャッチボールをしていたらしいです。ボールが違うのに気づかないほどガチガチだったのでしょう。西岡剛さんが肩を叩いて「普通にやれば大丈夫だから」と声をかけてくれて、少しだけ楽になったのを憶えています。

「センター、横田」

アナウンスがドームにこだますると、僕は一塁側のベンチを飛び出し、震えを打ち消すように全力疾走で守備位置まで走って行きました。

初回裏、髙山さんが出塁しました。ところが、2番の僕はピッチャーゴロで塁を進めることができなかった。併殺崩れで一塁に残った僕は、失態を取り返そうと盗塁を成功させると、さらにマット・ヘイグのタイムリーでホームベースを踏みました。4回にはショートゴロの際、なんとか内野安打にすべくヘッドスライディングを試みました。とにかくがむしゃらにプレーするしかないと必死だったのです。

開幕戦は4打数ノーヒットに終わりましたが、翌日もスタメンで使ってもらい、第3打席で――内野安打でしたが――初ヒットが生まれました。さらにその次の日は2回にレフト前へのタイムリーで初打点、4月5日の巨人戦では、3回ノーアウト一、三塁のチャンスで、やはり内野安打でしたが、初の決勝打を記録。その回、さらに三塁まで進み、ゴメスの打席で一塁ランナーのヘイグが盗塁し、キャッチャーが二塁に送球すると、僕もスタート。ホームスチールを成功させました。

一軍失格

しかし——結果は残せませんでした。

やはり、オープン戦と公式戦はまったく別物。本気度が格段に違ったし、相手バッテリーの攻め方も全然違いました。オープン戦は勢いでなんとかなったものの、シーズンに入ると分析されて、弱点をガンガン突かれる。なかでも巨人・菅野智之さんのスライダーには衝撃を受けました。それまで見たことのないボールでした。

高校のときは基本的にいつもストレートを待っていました。変化球が来ても、それで対応できました。でも、もちろんプロはそう簡単にはいかない。コーチにも「配球を読め」とアドバイスされて、少しは考えるようにしたのですが、もともと頭を使うのは得意ではないので、考え出すとそっちにばかり気持ちが行って、肝心の自分のバッティングができなくなった。それでかえって打てなくなってしまいました。

僕の持ち味であるホームランも出ませんでした。

「打ちにいくとき、右足をステップした時点で腰がひけている」

ずっと二軍で指導してくれていた掛布さんはそう指摘していましたが、やはり知らず知らずのうちに当てにいっていたのかもしれません。練習ではできるのに、試合になると強く振ることができない。

あっという間に失速しました。4月末にはスタメン落ち、5月6日にはファーム行きを宣告されました。出場30試合で打率・212、ホームランは1本も打てなかった。完全な力不足だったと思います。約1か月後、再び一軍に呼ばれましたが、その後再び出場登録を抹消され、3年目のシーズンはそのままファームで過ごすことになりました。一軍での通算成績は出場38試合、105打数20安打の打率・190、打点、盗塁ともに4、ホームランはゼロでした。

一軍に抜擢されながら期待に応えることができなかった悔しさを胸に、シーズンオフも無休を決めた僕は、連日自主トレに精を出しました。さらに11月には、台湾で行われたウインターリーグにウエスタン・リーグ選抜の一員として参加。打率・379をマークし、ホームランは1本だけでしたが、10盗塁で盗塁王に。翌年2月のキャンプも、一軍でスタートさせてもらうことになりました。

この年、糸井さんがオリックスからＦＡで移籍してきました。いうまでもなく糸井さんは、球界屈指の強打者にして外野手です。タイガースの外野には、不動のレギュラーとして福留さんがいる。ということは、実質的に残る枠はひとつになります。

「いいかげん結果を残さないと、後がないぞ……」

これまで以上の危機感を抱いて、僕は沖縄・宜野座で行われる春季キャンプに向かいました。

しかし……そのときすでに、僕の身体は病に冒されていました。

前年の秋口から身体の不調を感じながらも練習を続けていた僕は、キャンプなかばについに耐えられなくなり、検査を受けた結果、脳腫瘍と診断されました。病気との闘いが始まることになったのです。

第4章 闘病

母と病室にて
（2017年5月）

2017.4-2017.8

病室で寝泊まりしながら看病してくれた母

頭痛と目の不調を訴えて宜野座キャンプを離脱後、脳腫瘍と診断された僕は、大阪に戻って二度の手術を受けました。2回とも無事成功はしたものの、視力を奪われることになりました。

手術後は目が見えにくくなるということは、事前に先生から伝えられていました。手術の際に病院側と交わす誓約書にも、そういう後遺症が出る可能性があると書かれているのを読んだ記憶がありました。手術後には、「時間とともに回復していく」という説明を受けた気がします。

とはいえ、状態は予想よりはるかに深刻でした。

食事が出ても、何を食べているのかわからない。トイレにもひとりでは行けない。しかも、頭痛と肩の張りがぶり返してきました。横になるか、座っていることしかできないし、移動はすべて車椅子を使わなければなりません。

また、1か月くらいは頭がぼーっとしていて、たとえば朝食べたものを昼には忘れているというようなことがしばしば起きました。

そんな状態なので、誰かが常にそばについていないといけません。そこで、入院当初から母親がつきそってくれていました。

母は鹿児島で仕事をしていたのですが、それをやめ、球団に探していただいた病院近くのアパートに荷物だけ置いて、僕と一緒に病室で寝泊まりしながら世話をすることにしたのです。

「手術は成功したから大丈夫」

安心させようと考えたのでしょう、そう言いながら母は僕の手や身体をしきりに触り、「一緒にがんばろうね」と励ましてくれました。

病室には母のベッドはないので、僕のベッドの横に椅子を並べて寝ることになったのですが、手術直後は、おたがいの手首に輪ゴムと鈴をつけて寝ました。

というのは、「傷口から雑菌が入るともう一度手術をしなければならない」と看護師さんに言われていたからです。それを防止するため、僕が寝返りを打ったりして動いたら鈴が鳴り、母がすぐ対応できるようにしたのです。

もちろん、傷口はガーゼと包帯できちんとカバーされていて、毎日消毒されていました。それでも、夜中寝ているときにかゆくなったりして無意識に触ってしまうことがあるのです。実際、癖になったように、よく傷口に手をやっていたそうです。それに気づいて母が僕の手を傷口から離しても、またすぐに触ってしまう。

「毎晩鈴が鳴りっぱなしだった」

苦笑いしながら母は振り返っていました。まあ、母は鈴が鳴ってもなかなか起きないこともありましたが……（笑）。

食事の際は、箸を使うのは難しいうえ、20時間近くの手術であごや首回りが腫れた影響からか、口を大きくあけることができなかったので、ご飯を少しずつ丸めてラップに包み、口まで運んでくれました。

また、車椅子を押していろいろなところに連れて行ってくれました。病院の14階が展望台のようになっていて、そこからはきれいな夜景や万博公園が見えるというので、行ったことがありました。ちょうど夜桜のシーズンで、「きれいだね、見える？」と聞かれたのですが、僕にはもちろん見えません。それでも母は、「もう少ししたら見えるようになるからね」と言って、毎日いろいろな場所を案内しては「もう少しだから楽しみにしててよ」と話しかけてくれました。病室にいる時間のほうが少ないくらいでした。

母のやさしさにはずいぶん元気づけられたし、とてもありがたかった。母がいなかったらどうなっていただろうと思います。

ただ、どうしたって目が見えず、テレビもスマホも見られない。回復に向かっている気配があればまだしも、それもあまり感じられない。「野球をする」という僕の最大の希望が視力とともに失われた気がして、しばらくは落ち込んでいました。

もう一度野球ができるかもしれない

文字通り「光」が見え始めたのは、手術後2か月くらいたったころでした。

朝起きると、まぶしさを感じたのです。原因は、病室に射し込んでくる朝陽のようでした。それで母に頼みました。

「まぶしいからブラインド下げて」

それから数日、ブラインドを下げたままにしていました。そうしたら、回診にやってきた先生が気づいて母に訊ねました。

「どうしてブラインドを下げてるんですか？」

「まぶしいから下げてくれと言うんです」

すると、先生が笑って言いました。

「まぶしいと感じたら、見え始めるときです」

喜んだ母は、しばらくブラインドを上げたり下げたり、繰り返していました。

事実、それからちょっとずつですが、見えるようになっていきました。

「これからどんどん見えるようになっていきますから、心配しないでくださいね」

先生にも言われました。

「もしかしたら……野球、もう一度できるかな」

希望が生まれた瞬間でした。

ただし、一方でこんな気持ちもありました。

「とはいえ、さすがにプロは厳しいだろうな……」

まだ以前の状態に完全に戻ったわけではないし、身体も満足に動かない。やっぱり難しいかな、と思う自分もいました。

それでも、やっぱり自分はなによりも野球がしたいし、母もずっと僕の横にいて必死になって看病してくれている。たとえ目が見えなくても希望を捨ててはいけない。でも、そうはいっても、やっぱりプロとなると難しいだろうな……まだ目がよく見えず、考えることしかできないので、さまざまな思いが交錯していました。

ファンからの手紙

そんなふうに、心が乱れる日々を過ごしていたときでした。

「慎太郎、今日も手紙がいっぱい来てるよ」

そう言って、母がファンの方からの手紙を渡してくれました。当時の虎風荘の寮長、高木昇さんがわざわざ病院まで持ってきてくれたのです。

「一日も早い復帰を祈っています」

そういう手紙がたくさんありました。当時、まだ病名は公表していなかったので、「どんな状態かわからないけれども、横田さんが帰ってくるのをいつまでも待っています」と書かれている手紙もありました。

そのとき、何かに打たれたように突然、思ったのです。

「そうだ、あきらめている場合じゃない！」

そう思うと、こんな僕にファンレターや千羽鶴を送ってくれたファンの人たち、最善の闘病体制を用意してくれた病院と球団、治療に専念しろと言ってくれた監督、コーチ、先輩、同僚、そして泊まり込みで世話してくれている母親と、鹿児島から毎週のように病院まで足を運んでくれる父親や姉……僕を支えてくれるすべての人たちのことがあらためて思い起こされました。

そのとき、決めたのです。

「目は見えなくても、目標だけは捨ててはいけない。自分がいちばんしたいことはなんだ？　野球じゃないか。ここであきらめたら何も進まない。絶対にもう一度、プロ野球の世界に戻ってやる！」

それからは毎日、ひたすら歩きました。苦しい治療に耐えられるだけの体力をつけるためです。同時に、キャッチボールも始めました。

目が見えるようになって、父が見舞いに来てくれたとき、病院の下の公園に行き、やわらかいボールを顔の前に投げてもらったことがありました。まったく捕れない。怖かったのです。

「やわらかいから大丈夫だ。ケガしないから」

父に言われても、短い距離なのに本当に怖かった。ボールがぼんやりとしか見えなくて、白い物体がわーっと襲ってくる感じ。うまくキャッチできないのです。

ショックでした。体力や筋力はトレーニングすれば元に戻るけれど、目がぼんやりとしか見えないのでは……。プロはそんな状態で戦える世界ではない。

「無理だろうな……」

あきらめかけました。

ただ、たとえうまく捕れなくても、自分が「野球をしたい」と願っていることはわかった。自分の身体が「なんとかしよう」としていることにあらためて気づきました。そこで、毎朝6時から病院下の公園で、母親を相手に捕球の練習を始めたのです。

リハビリは「幼稚園児」の身体から

並行してリハビリもスタートしました。

当時タイガースのトレーナーだった土屋明洋さんが、「復活」と題したリハビリのメニューが書かれた冊子を持ってきてくれて、理学療法士の先生と一緒に取り組みました。

「プロ野球選手の身体として見ると、いまは幼稚園児の身体です」

リハビリを始めたとき、先生に言われました。「これを徐々に戻していって、高校生になったときが退院です」と――。

久しぶりに身体を動かしたときは、うれしさもあったけれど、やはり不安のほうが大きかった。実際、すごく鈍っていました。体重も10キロ以上落ちていて、なにより筋力が衰えている。筋肉がなくなって代わりに脂肪が増え、身体がだらーんとしている感じでした。

ストレッチから始めたのですが、自分の身体ではないような気がしました。バイクすらこげないのです。まだはっきりと目が見えないので、身体を動かすこと自体が怖くて、身体が縮こまっていました。

いままでの自分、元気なころの自分とはまったく違った身体になっている。これまで苦もなくできていたことが、なかなかできない。理想と現実のギャップが最初は歯がゆく、情けなく感じました。

それでも弱音を吐くことなく、なんとかがんばれたのは、やはり「もう一度野球をやるんだ!」という気持ちからでした。

お見舞いに来てくれた掛布さんが、すっかりやせてしまった僕を目にして言いました。

「いまのおまえは、おれの知っている横田とは違う」

「でも――。目がおれに訴えかけている、『自分は野球をしたいんだ』と。野球に飢えきった目をしてる」

その言葉も大きな励みになりました。

もうひとつ、リハビリを行う部屋には、復帰に向けて懸命にがんばっているお年寄りや大ケガをしている人の姿がありました。話をすることはありませんでしたが、そういう人たちの一生懸命な姿を見ると、気持ちが引き締まりました。

「負けてはいられない。自分もがんばらなきゃ」

そうしてリハビリに取り組んでいくうちに、少しずつ、できることが増えていきました。幼稚園児が小学生になり、小学生が中学生になっていった。同時に、徐々に目も見えるようになってきて、ちょっとだけ自信が生まれてきました。体力測定が定期的にあり、日に日に数字がよくなっていくことも自分のテンションを上げてくれました。

正直、ときには体調が悪かったり、身体のどこかが痛かったりするときもありました。でも、トレーナーや理学療法士の方には、我慢の限界になるまで言わなかった。

もし口にしてしまったら、リハビリのレベルが下げられたり、休まなくてはいけないかもしれないから。そうなったらリハビリが長引き、結果としてグラウンドに復帰できるのも遅くなりかねません。それだけは絶対に嫌だった。それならば多少痛くても黙っていよう――そう考えたのです。

想像を絶する苦しさだった抗がん剤と放射線の治療

手術から3か月ほどたった6月。いよいよ抗がん剤投与と放射線照射の治療が始まりました。

この治療を行うことは最初から決まっていました。腫瘍を根治《こんち》させ、再発させないためです。抗がん剤投与は「1週間（月〜金）やって、3週間休み」を1クールとして、計3クール行うことになっていました。朝6時から夜8時くらいまで、ずっと点滴を打ち続けるのです。

一方、放射線を照射する治療は、1回20秒を土日以外の連続30日行います。治療開始の数日前にプラスチック状のもので頭の型をとりました。その型で頭を固定され、筒状の装置のなかに入って放射線照射を受けるのです。

苦しい、つらいとは聞いていました。嘔吐したり、具合が悪くなったり、髪が抜けたりと、さまざまな症状があらわれるという話もいろんなところで耳にしました。だから始まる前、母はとても不安で怖かったといいます。でも、僕自身は意外なほど落ち着いていました。むしろ張りきっていたほどです。なんとしてももう一度野球がしたかった。その目標を実現するためには、どんなに苦しくともがんばって乗り越えるしかない――覚悟を決めていたのです。

とはいうものの、実際に治療を受けてみたら、きつさは想像以上でした。これだけは体験した人でなければわからないと思います。

治療中は、ひたすら横になっているだけで何もできない。何かを考える気力すらわいてきません。終わってからもずっとだるさと吐き気が続き、目も少し見えにくくなりました。そんな状態が1週間、毎日続くのです。もちろん、その間はリハビリなんてできません。

食欲も落ちました。食べる気が起きないのです。しかも、生ものは免疫力が落ちているので全部ダメ。生野菜も食べられません。

においにも非常に敏感になりました。先生が部屋に入ってくるだけで薬のにおいを感じるくらいです。食器のにおいで病院のご飯が食べられなくなってしまい、母がつくってくれた食事をなんとか食べていました。

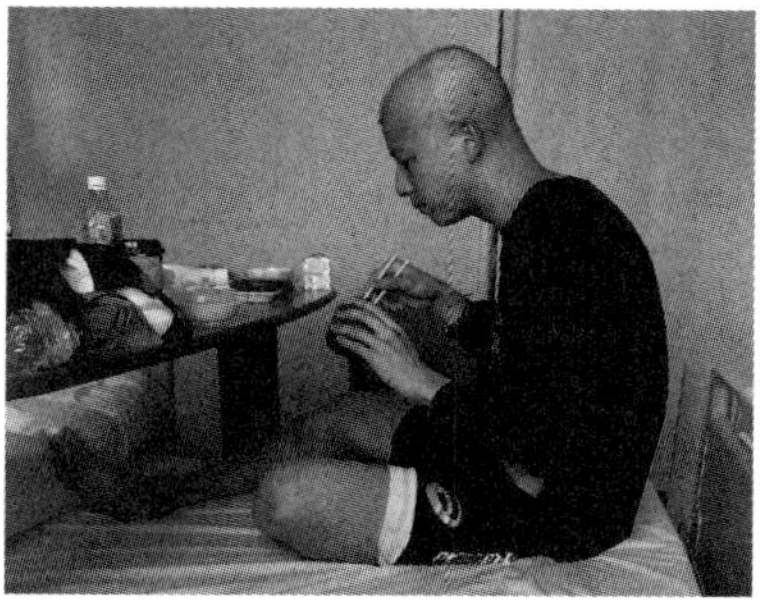
目が見え始めたころ。食欲はなく、身体づくりのために無理して食べていた（2017年6月）

いちばんショックだったのはやはり、副作用で髪の毛が抜けたときです。

抗がん剤と放射線の治療を始めて1週間くらいたったころだったと思いますが、先生に「そろそろ抜けますから、びっくりしないでくださいね」と言われました。「大丈夫です。覚悟してます」と答えたのですが、ある日、髪を洗って目を開けたらバサッと落ちてきた。わかっていたとはいえ、やはりびっくりしました。

しかも、髪だけでなく、眉毛も体毛も、身体中のすべての毛が抜け落ちた。全身の毛がなくなると、すごく寒くなることを知りました。もう夏に入っていたのに、長袖、長ズボンで、毛布にくるまって震えていました。

父の「意外な行動」に号泣

そんなとき、鹿児島にいる父が見舞いにやってきました。父の頭を見て、僕は衝撃を受けました。丸刈りにしていたのです。

「おれもおまえと一緒にがんばるぞ」

そういう決意を表したつもりだったようです。

「髪の毛が抜けて不安に感じているだろう。だったらおれも同じになってやろう」

そう考えての丸刈りでした。

「何やってんの！　大の大人が高校球児みたいにして、仕事はどうすんの？」

父の丸刈りを見た母は呆れていました。看護師さんたちも「どうしたんですか」と笑いをこらえています。

でも、僕は感動しました。すごくうれしかった。

髪はそのうちまた生えてくるとわかっていたし、別に髪がなくても野球はできる。生えようが、生えまいが僕自身は気にしていませんでした。

でも、父がそこまでしてくれたことがとてもうれしかったのです。もともと父はそんなタイプではないので、なおさらでした。

「親って、すごいな……」

父が帰ってから、ひとりで大泣きしました。

「24番をあけて待ってる」

こうした家族の支えとともに、病気と闘う力を僕に与えてくれたのは、「まだ自分がチームとつながっている」という希望でした。

実は、2回目の手術が終わって目が見えなくなってからというもの、入院当初はしょっちゅう来てくれていた球団関係者の方が病院にやってくることが減りました。気を遣ってくれていたのだと後になって知りましたが、そのときは正直、嫌な感じがしました。

「もう契約は終わったのかな……」

そんな不安が襲ってきます。

いくら僕が「絶対に復帰してやる」とがんばったとしても、戻る場所がなければどうしようもありません。向こうから「いらない」と言われれば、それまで。それがプロの世界です。

それは理解していたけれど、視力が失われて「おれの野球は終わった」と悲観していた時期だったので、泣きっ面に蜂、ダブルパンチをくらったようでした。

でも、目が見えるようになったら、またお見舞いに来てくれるようになりました。

そして明言してくれたのです。

「球団は戻ってくるのを待ってるから」

現実的に考えれば、脳腫瘍が発見され、もう一度野球ができるかどうかわからない状態になったら解雇されても不思議ではありません。僕自身、覚悟しました。

でも、阪神は「育成選手としてチームに残す」と約束してくれた。そのうえ、こう申し出てくれたのです。

「24番はあけて待ってるからな」

そのときのうれしさは、言葉では表現しきれません。一軍で活躍した選手ならまだしも、僕みたいなまったく実績のない選手に対してそう言ってくれたのだから。

化学療法や放射線照射はたしかに苦しくてつらかった。何度もめげそうになりました。でも、弱気になるたびに僕は思いました。

「24番を絶対に取り戻す！」

これが具体的な目標となり、病気と闘うために僕を奮い立たせたのです。

金本監督からの差し入れ

金本監督や掛布さんをはじめとする現場の人たちからの激励も、「チームとつながっている」と感じさせてくれました。

沖縄で脳腫瘍だとわかり、宿舎の部屋を訪ねたとき、金本監督は話をすでに聞いていたらしく、僕に言いました。

「おれも知り合いの先生にいろいろ聞いてみたら、どの先生も必ず治ると言ってる。もう少し辛抱しろよ」

入院してからも、シーズン真っ只中にもかかわらず、何度も見舞いに来てくれました。中学生だった娘さんと一緒に来られたときがあって、娘さんが一生懸命折った千羽鶴をプレゼントしていただきました。

「娘がおまえのファンなんだよ」

そう言われたときは、「まさか」と思いながらも、とてもうれしかった。

差し入れもよくしてもらいました。あるとき、わざわざ試合前にお寿司を持ってきてくれたことがありました。有名店のお寿司で、「いま握ってもらったから、おいしいぞ」と言いながら差し出してくれました。

ところが、母によれば、よりによって僕はこう言ったそうです。

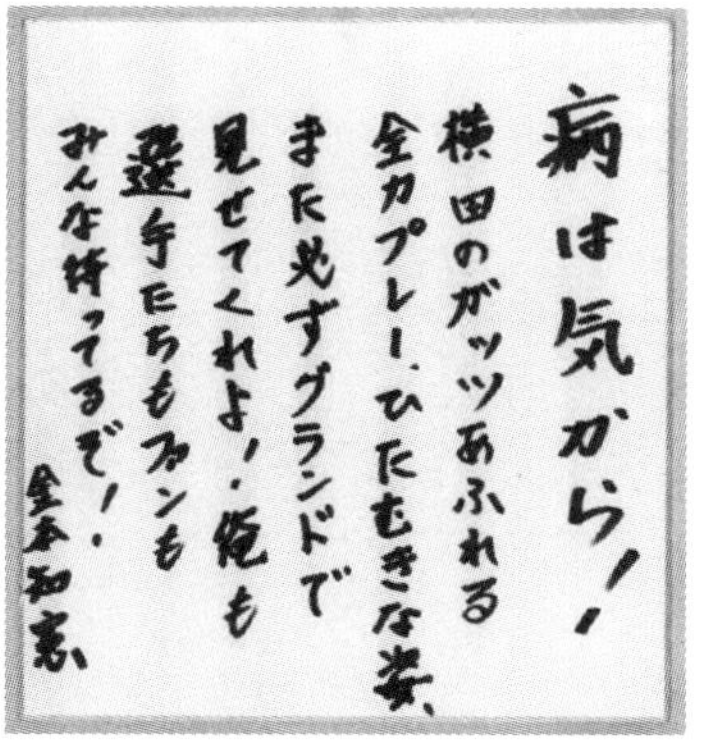

「肉が食べたかったです」

僕はまったく憶えていないのですが、どうやらまたもや天然ぶりを発揮したようです。「この野郎！」と呆れながらも金本監督はすぐにステーキ弁当を特別に手配してくれました。

金本監督が贈ってくれた色紙にも励まされました。

「病は気から」とはよく耳にする言葉ですが、それまで、それほど気に留めることはありませんでした。でも、いざ自分が病気になってみると、心にしみます。気持ちが折れてしまっては、治る病気も治らない。病気に打ち勝つには、なによりも前向きな気持ちが大事なのだということを、あらためて教えられた気がしました。

二軍監督だった掛布さんにも、病気がわかったときにすぐに電話しました。掛布さんは言ってくれました。

「いまは野球じゃない。自分の身体を守ることだ。そうすれば必ずもう一度野球ができるから、いまは野球を忘れて治療に専念しろよ」

お見舞いに来ていただいたときには、やはり一枚の色紙を手渡されました。そこにあったのは、「復活」という二文字。色紙を差し出しながら掛布さんは言いました。

「横田、これからドラマをつくろうな」

「ひとりに強くなれ」という言葉もいただきました。どちらの言葉も、とても僕の心に響きました。

金本監督と掛布さんからいただいた2枚の色紙は、ずっと枕元に置いて、くじけそうになるといつも見ていました。

ほかにも球団社長をはじめとするタイガースの関係者や選手の方々からは、本当にたくさんの励ましをいただきました。病名を知らされていない人もいたけれど、みんながみんな、「元気になって戻ってくるのを待ってるから」と言ってくれた。どれだけ勇気づけられたかわかりません。

寛解

入院から半年ほどたった7月下旬――。

検査を受けた僕は、「寛解」と診断されました。

寛解とは、完治ではないのですが、症状が消え、落ち着いた状態になったことをいいます。頭痛や首の張りは消え、視力も――以前の状態にはほど遠いですが――日常生活にはさほど不自由しない程度までは回復しました。

先生から「寛解」という言葉を聞いたとき、僕は思わず涙を流しました。

絶対に治ると信じていたし、術後の経過も順調だった。それでも、「二度と野球ができなくなるかもしれない」という不安は、ずっと僕につきまとっていました。その不安を振り払おうと、いつも前向きでいたつもりでしたが、やはりどこかで無理していたのかもしれません。

「寛解」という言葉を耳にしたとたん、それまで心のどこかにあった不安がひとまず取り払われた。その安堵感のほうが、喜びやうれしさより先に立ったのでしょう。ほっとした気持ちが静かに涙となってあらわれたのだと思います。

もちろん、すぐにうれしさもこみあげてきました。

「もう一度、グラウンドに戻ることができる」

そう思うと、飛び上がりたいほどでした。その日が来るのを願って半年も苦しい治療に耐えてきたのですから……。

まずお礼を言わなければならないのは、阪大病院の医療スタッフの方々です。みなさんには本当にお世話になりました。

最初に診断を受けたとき、病院から提案されました。

「ほかの病院も回って、本当にここでいいと思ったら来てください」

でも、主治医となる先生と話した母は、「この人なら」と即決しました。

「甲子園の風が届くところで治療させてください」

そう言ってお願いしたのです。

病院側は、各セクションの先生で構成されたチームをつくり、献身的に治療にあたってくださりました。

主治医の先生は「絶対に治る」と約束してくれて、どんな疑問にも丁寧に説明してくれました。抗がん剤と放射線の治療で苦しかったときには、「無理しないで、ゆっくり過ごしましょう」とか「吐きたかったら我慢しないでね」と目線を落として親身になってくれたので、「ちょっと恥ずかしいかな」と思うことでも平気でした。ストレスなく過ごすことができました。

左から主治医の香川尚己先生、僕、大阪大学の貴島晴彦教授、看護師の菅原麻衣さん、古庄礼子師長（当時）。復帰後、鳴尾浜にて

「もう一度野球ができるよう、神経には傷一本つけないでください」という僕の無茶な要求にも応えていただきました。

「どんなデッドボールを頭にくらっても大丈夫なように、頑丈にしといたから（笑）」

退院の際には太鼓判を押していただきました。

看護師さんたちも本当によくしてくれた。6

月9日の僕の誕生日には、なんの前触れもなしに突然、看護師さんたちが10人くらい部屋に入ってきて、「ハッピー・バースデー」を歌ってくれたこともありました。いつも笑顔でかけてくれるやさしい言葉は、僕の安らぎになりました。

家族なしでは耐えられなかった

繰り返しになりますが、治療はいま思い出してもつらかった。二度と体験したくありません。とくに抗がん剤と放射線の治療を受けていたときは、吐き気とだるさでぐったりすることしかできませんでした。何度くじけそうになったことか。

それでもめげずに病気と闘い続けられたのは、もちろん僕の力だけではありません。僕ひとりだけだったら、耐えられなかったかもしれない。野球をあきらめていたかもしれません。

「もう一度野球をする」

その目標を捨てることなくやってこられたのは、いつも応援し、励まし続けてきてくれたさまざまな人のおかげだと心から思っています。

第一に感謝しなければならないのは、やはり家族です。とりわけ仕事をやめてまで、ずっとつきそってくれた母の存在はこのうえなく大きかった。

息子が脳腫瘍という大病をわずらって、母もつらかっただろうと想像します。でも、母はいつも明るく接してくれました。

「逃げずにみんなでがんばろう」

そう言って、本当に献身的に支えてくれました。

病室にひとりでいると、どうしても悪いほう、悪いほうに考えがちです。まして手術直後の僕は、目標を失って絶望していました。

「横にいるだけでもいいんじゃないかと思って、一緒に寝泊まりした」

母は言っていました。「元気になって阪神の寮に帰すまでは、絶対にひとりにしない。一緒にいよう」と考えたそうです。当時の僕は気づきませんでしたが、いま振り返ると、目が見えなくていちばん不安だったとき、母がいてくれたことが大きな力になったと思います。

車椅子を押していろいろなところに連れて行ってくれたし、野球経験なんかないのに毎日のようにキャッチボールにつきあってくれた。「ナイスキャッチ」と笑顔で声をかけてくれたことがどれだけ僕に希望を与えてくれたか。ラケットを買って一緒にテニスをしたこともあったし、「散歩に行こう」と言って遠くまで歩いたこともしょっちゅうでした。

抗がん剤治療が始まってからは、毎朝6時に僕の食事をつめたお重と洗濯した服を持ってアパートを出ると、病院に行く途中にあった八幡神社に寄り、僕の全快を願ってお参りするのが日課だったそうです。そうして病院に来ると、一日中僕の世話と相手をし、また帰りには神社にお参りする……。

最近、母が振り返って言いました。

「一日の半分以上はふたりで笑ってたね」

言われてみると、たしかにそうだったかもしれません。僕らが笑っているのを見た看護師さんから、「何がそんなに楽しいんですか？」と訊ねられたほどです。

たしかに身体は苦しかった。でも、苦しいことを苦しいと言える、痛いなら痛いと素直に言える。それが僕らにはうれしかったのです。そして、ふたりで笑いあえたのは、母の明るさがあったからこそだったと僕は感じています。

もちろん、父と姉も力になってくれました。ふたりはともに鹿児島に住んでいますが、毎週代わる代わる見舞いに来てくれました。父は言葉は少なかったけれど、丸刈りにしたのをはじめ、折に触れて僕を精神的に支えてくれた。病院の下でキャッチボールしたことも忘れられません。

当時、鹿児島のテレビ局に勤務していた姉も、母が仕事をやめるにあたって引き継ぎ業務で離れられなかったときや、看病疲れから風邪をひいたときには、母の代わりにずっと僕につきそってくれました。

そんな家族がいたからこそ、僕は前を向くことができたのだと、あらためて思うのです。

僕にはもう一度プレーする義務がある

そしてファンの人たち。

「いつまでも待ってます」

「戻ってくるのを楽しみにしています」

入院中、そうした手紙をたくさんいただきました。そのひとつひとつが病気と闘う僕の力になってくれました。

なかには毎日のように電話をかけてくれる人もいました。僕がプロに入ってからずっと応援してくださった鹿児島の徳永さんは、仕事終わりの午後5時50分、欠かさず励ましの電話をくれるのです。

「みんなが待ってる！　自分を信じて、前を向いてがんばりなさい」

その電話一本にずいぶんと救われました。

こうしたファンの方々の激励や応援を大変ありがたく感じると同時に、僕はこう思うようになりました。

「世の中には、僕と同じように苦しんでいる人がたくさんいる。病気でなくても、つらい目に遭っている人、理不尽な環境に置かれている人、悩んでいる人がたくさんいるはずだ。なかには絶望しかけている人もいるかもしれない。僕がプロ野球の世界に戻ることができたなら、そういう人たちに闘う勇気や元気を与えることができるのではないか――」

「グラウンドに復帰する」という目標はそれまで、あくまでも自分のためでした。でも、いつしかそれは、僕だけのための目標ではなくなった。もう一度、甲子園という大舞台で全力疾走し、フルスイングを見せることで、病気やさまざまなことで苦しんでいる人たちに夢と感動を与えたい、少しでも前を向く力を与えたいと思うようになったのです。

「そのためにも――」

病院を後にするとき、僕は自分自身に言い聞かせました。

「もう一度、試合に出てプレーしたい。いや、僕にはプレーする義務がある!」

第5章

復活を信じてもがいた2年間

復帰後に阪大病院を訪問。
子どもたちとの交流の様子
（2018年12月10日）

2017.9-2019.9

再び虎風荘へ

退院後は1か月ほど母親のアパートで過ごしました。

母と一緒に、朝散歩をしたり、洗濯物をたたんだり、買い物に行ったり、電車やバスに乗ったりしました。日常生活に慣れるための訓練です。バスに乗ったら吐き気がしたり、暑いなかあちこち歩きすぎたからか、ちょっと熱が出たりして、先生に「焦らず、ゆっくり」と注意されましたが、大事にはいたらずに過ごすことができました。9月1日の母の誕生日には父と姉もやってきて、家族4人、小さなアパートでお祝いしました。

そうして2017年9月3日、僕は7か月ぶりに虎風荘に戻りました。

「おかえり」

高木寮長が笑顔で声をかけてくれて、チームメイトも拍手で迎えてくれました。

「この日のために半年間、つらい治療にがんばって耐えてきたんだ……」

そう思うと、病院のベッドで過ごした日々が思い出され、我慢しても涙が止まりませんでした。

脳腫瘍だったことも、このときはじめて公表しました。取材を受けて僕は、お世話になった方々に感謝の言葉を述べてから言いました。

「必ず復活して、甲子園で走り回る姿を見せたいです」

とはいえ正直、最初はうれしさより不安のほうが勝っていました。

プロの世界に戻るといっても、もともと一軍でレギュラーをはるどころか、プロと呼べるだけの実力があったわけではないところに加えて、身体の状態や体力すら発病前のそれにはほど遠い。そのうえ、動いているボールはすべて二重に見えるのです。

「これから大丈夫なのか、やっていけるのか……」

正直、そう思いました。

育成契約で背番号「124」に

最初は土屋トレーナーのもとで歩くことから始めました。鳴尾浜球場の外周を一緒に歩いたのですが、足がつるほど体力が低下していたのはショックでした。

そこでトレーナーは、段階ごとに100のメニューを紙に書き出し、クリアしたらひとつずつ塗りつぶすことを提案しました。そうすれば、達成感と少しずつ体力が回復していく様子が実感できる。トレーナーが僕と同じ目線で接してくれたのはとてもありがたかった。母にもトレーニングの様子をおさめた動画を送ってくださったそうです。

いきなり硬球を扱うのは危険なので、最初の2、3か月は軟球を使って感覚を取り戻す訓練をしました。それだけに硬球を扱えるようになったときは、一歩進んだ気がしました。「明日からユニフォームを着て練習しよう」と言われたときも、久々にタイガースの一員に戻れた気がして、感無量でした。

ただ、ほかの選手と同じ練習をすることはできませんでした。なにしろ目が見えにくいので、ピッチャーのボールを直接打つことは許されなかったし、入ってはいけないエリアもありました。ケガをするわけにはいかなかったから、しかたがないことだとはわかっていたけれど、やはり悔しかった。そこで考えました。

復帰直後の9月5日、鳴尾浜球場トレーニングルームにて

「じゃあ、自分には何ができるんだろう」

グラウンドに誰よりも早く来て、グラウンドを半周しながら素振りをしたり、ブルペンを覗いてピッチャーの投球を見たりと、自分なりにできる練習に地道に取り組むことにしました。

そうやって毎日、ひとつだけでも昨日はできなかったことができるようになろうと考え、野球を始めたころのように小さな目標を立て、それをコツコツとクリアしていきました。

目がよく見えないのだから、いきなり大きな目標を立てても達成するのは無理。だから、それこそ最初は「ボールを捕る」ことから始め、うまくキャッチできたら次は「もっと速いボールを捕る」……というふうに少しずつ積み上げていくことにしたのです。

「それを続けていけば、少しずつでも目標に近づける」

そう信じていました。

11月には、球団と新たに育成選手契約を結びました。同時に、背番号は１２４に変更。ただし、以前つけていた24番は僕のために空き番号になりました。あらためて僕は目標を定めました。

「絶対に24番を取り戻す！」

ランチ特打で突然流れた『栄光の架橋』

発病前、僕の身体は１８６センチ、96キロ。体脂肪率はひとけた台で、筋肉量は80キロでした。しかし、約半年の闘病生活を経て復帰したときには体重が80キロに落ち、逆に体脂肪率は20パーセントまで増えていました。それが、翌春のキャンプが始まるころには、体重90キロ、体脂肪率は10パーセントまで戻っていました。

キャンプでは初日からランニングで最前列を走り、キャッチボールやトスバッティングをこなしました。その後は室内で別メニューになりましたが、ノックを受け、ティーバッティングなどを行いました。

キャンプ後半になると、屋外でのバッティング練習が許され、ロングティーやヘルメットをかぶってのフリーバッティングもできるようになりました。それを見てくれた掛布さんは、「入院中の彼を見ていただけに、特打ができるまで元気になって、僕自身もうれしかった」と話していたそうです。

フリーバッティングは、ほかの選手が昼食をとっているあいだに行いました。いわゆる「ランチ特打」です。

2月24日、掛布さんや坂井信也オーナーも見守るなか、2回目の特打が終わりかけたころのこと。ある曲のイントロが聞こえてきました。

ゆずの『栄光の架橋』。

アテネオリンピックのテレビ中継のテーマソングとしてもおなじみのこの曲を、僕は入院中、何度も何度も聴いていました。いつごろだったかは憶えていないのですが、テレビで偶然耳にしたのがきっかけでした。

もちろん、曲自体は以前から知っていました。でも、そのときは歌詞がテレビ画面に出た。それを見て、本当に自分にピッタリだと思ったのです。

「ああ、この歌詞いいなあ。おれと一緒だ」

つらいときや落ち込んだときにいつも聴きました。抗がん剤治療に行く前にも聴いて、「よし、がんばろう」と自分を勇気づけていました。

それで、育成選手として復帰してから、この『栄光の架橋』を自分の登場曲に選びました。甲子園で行われる試合に出場できたら、この曲とともにバッターボックスに入りたいと思ったのです。

その『栄光の架橋』が、僕がランチ特打を行っているときに突然流れてきたのです。板山祐太郎さんの演出でした。

「よし、絶対にもう一度、この曲とともに甲子園の一軍の試合に出場してやる」

曲を聴きながら、あらためて決意しました。

矢野監督の言葉

シーズン中は鳴尾浜で毎日汗を流し続けました。

依然として一部の練習を除いてほかの人と同じメニューはこなせなかったし、試合にも出られなかった。目の状態も思うようには回復しませんでした。

それでも完全復帰の目標をあきらめることはなかったし、弱音を吐いたり、ふてくされたようなそぶりを見せたりもしなかったつもりです。

練習メニューのなかには普通の人でもきつい練習があって、トレーナーからは「疲れたらやめてもいいぞ」と言われましたが、自分からやめるとは言いませんでした。いっさい手を抜かず、全力で取り組みました。

「人より遅れているのだから、同じ練習量じゃダメだ」

そう考えていました。

また、試合に出られなくてもベンチには入れてもらっていたので、「いまの自分にできるのは声を出すことだ」と思い、グラウンドでプレーする選手たちに懸命に声をかけていました。

すると、当時は二軍監督だった矢野燿大《あきひろ》さんがほめてくれました。

「横田はいい声をしているな」

自分もチームの一員であることをあらためて感じることができ、大きな励みになりました。

ただ、寮でひとりになったときなどは、ふと不安な気持ちになったり、むなしさやさびしさを感じることもありました。依然としてボールがはっきり見えず、みんなと同じ練習をすることもかなわなかったからです。

「本当にもう一度打席に立てるんだろうか……」

そんな気持ちが、ふとしたときにわいてくるのです。

矢野監督が声をかけてくれたのは、そんなときでした。

先ほど述べたように、実戦形式のシートバッティングは危険なので禁止されていました。そこで僕は、ほかの選手が打っているときにケージの後ろに立ち、ピッチャーの投球に合わせて一球一球スイングしてイメージをつかもうとしていました。そこに矢野監督がやってきて、肩を叩きながら言ったのです。

「もう少しで試合に出られるから、がんばれよ」

その言葉を聞いたときは、涙が出るほどうれしかった。気持ちが折れかけていたときだったのでなおさらでした。そのひと声で、再び前向きになることができたのを思い出します。

また、鳴尾浜には毎日、たくさんのファンの方々がやってきて、温かい声援を送ってくれました。毎朝、全体練習が始まる前に僕は外野でよく素振りをしていたのですが、なかにはその時間から見てくれている方々もいました。

「一日でも早く試合に出て、24番を取り返してください！」

ファンがかけてくれる、そんな温かい言葉も大きな支えとなりました。そんな声援をもらうたび、感謝するとともに思いました。

「練習ではなく、試合に出ている自分を一日も早く見て、喜んでほしい」

残念ながら、そのシーズン中の実戦復帰はならなかったけれど、身体や体力は着実に回復しているという自覚がありました、できることも、少しずつではあるけれど、確実に増えていきました。

阪大病院を訪問

復帰して3年目を迎える2019年、亥《いのしし》年。年男の僕はもちろん、「今年こそ完全復活」という気持ちで自主トレ、そしてキャンプに臨みました。

前年までの二軍監督で、その年から一軍の指揮をとることになった矢野監督は、就任会見の際、「期待する若手」として唯一僕の名前をあげてくれたと後で聞きました。

前年の12月、髙山俊さん、熊谷敬宥《たかひろ》さんとともに阪大病院を訪問したとき、「がんばってね」「応援してるから」と逆に励まされ、力をもらいました。ずっと目が開かなかった人が懸命に僕の顔を見ようと目を開けてくれたり、歩くことができない人がサインをもらいに来てくれたり……信じられないことがたくさん起こりました。

年末に鹿児島に帰省すると、会う人会う人が「身体に気をつけて、がんばって」と声をかけてくれました。なかには見ず知らずの人もたくさんいて、うれしいと思うと同時にびっくりしました。

1月に大腸がんの手術を受け、6月に復帰して最初の打席でいきなりタイムリーを放った原口文仁さんにも刺激を受けました。先を越されたのは正直、悔しい気持ちもありましたが、たがいに復帰を目指していた4月にかけていただいた「ふたりで甲子園のお立ち台に立とうな」「何をするにしても前を向いていこう」という言葉にはおおいに勇気づけられたものでした。

6月9日の24回目の誕生日には、こんなサプライズもありました。練習を終えて帰ろうとすると、スタンドにいたファンの方から声をかけられました。

「球場裏に来てください」

行ってみると、24番のユニフォームやタオルを身につけた人たちがたくさん集まっていて、「ハッピー・バースデー」の大合唱が始まったのです。合唱はその後、僕の応援歌へと続きました。もう、泣きたいほど感激しました。

会う人会う人がみな、復帰に向かうための勇気をくれました。そのたびに思いました。

「感謝は結果で返すしかない」

復帰して2年目のシーズンは、前年よりさらに強い決意とともにスタートしました。

目の状態だけが回復しなかった

けれど――。

たしかに身体と体力は以前に近い状態になりました。でも、目の状態だけがなかなか回復しなかった。視力は前と変わらず左右とも1・5です。でも、退院して1年以上たっても、球が二重に見える、視界がぶれるといった症状は続き、発病前と同じ状態には戻らなかったのです。

バッティングピッチャーの投げるボールやノックのフライが二重に見え、距離感もつかめない。角度によってはボールそのものが見えにくくなる。自分の打った打球すら視界から消えてしまうのです。ただの一球もボールがきれいに見えることはありませんでした。

だから練習メニューも変わらない。練習はできても試合には出られず、ベンチで声を出すだけ。実戦どころか、シートバッティングも「危ないから」とさせてもらえず、特別扱いは続きました。

しかたのないことだとは重々わかっていました。監督やコーチだって、できることならやらせてやりたいと望んでいたと思います。

でも、さすがにそんな状態が2年以上も続くと、どうしてもこんな感情がわいてくるのを抑えられませんでした。

「おれ、何やってんだろう……」

人一倍練習はしていたのですが、夏ごろからふとそんな気持ちがわいてきて離れなくなりました。

眠れない夜が続く。いろいろ考えてしまうのです。すると嫌な汗が流れてきて、ようやくまどろんで目が覚めると、枕がびっしょり濡れている。そんな夜が何日も続き、ひどい便秘にも悩まされました。

もう2年が過ぎているのに、復帰への道のりは遅々として進まない。「復帰なんて本当にできるのだろうか」と心が折れそうになっているのだけれど、これまでお世話になった人々や応援してくれる人々のことが頭に浮かぶと、恩返しのためにもがんばらなければいけないと自分を追い込んでいく……知らないうちにストレスと不安、プレッシャーを感じていたのだと思います。

目が見えて、身体も普通に動いていて打てないのなら、もっと練習すればいい。でも僕の場合、やる気はあっても身体が許してくれない。練習をしたくても、できないのです。しかも、目の状態がこれ以上改善される兆しは見えてこない……。

「これでは――」

僕は思うようになりました。

「やっている意味がないじゃないか……」

「がんばろう」という前向きな気持ちより、「こんなことをしていても無駄なのではないか」という後ろ向きの気持ちのほうが次第に強くなっていったのです。自分が何のために練習をしているのかわからない。目標を見失ってしまったのです。

今年でやめます

「このまま来年も続けても、おそらくこの繰り返しだろう。そろそろかな……」

担当スカウトの田中秀太さんから「ちょっと来てくれるか」と言われたのは、そんな気持ちが募っていたころ。9月中旬のことでした。

この1、2か月、秀太さんがたまに練習を見に来ていることには気づいていました。球団としても、そろそろ来年のことを考えなければいけない時期だったのでしょう。

秀太さんが切り出しました。

「球団は、来シーズンも続けてかまわないと言ってる。でも、苦しかったら――」

秀太さんは言いました。

「今年でやめてもいいぞ」

そして続けました。

「率直に言ってくれ。正直、来シーズンは厳しいだろう?」

その瞬間、堰《せき》を切ったように僕の目から涙があふれてきました。

「はい。苦しいです」

それまで誰にも「苦しい」という言葉を口にしたことはありませんでした。自分で決めたことだから、弱音は吐きたくなかった。ネガティブなことを言葉にしたとたん、心が折れそうな気がしていました。だから懸命にこらえていた。周囲の人も、何も言わず見守ってくれていました。

でも、秀太さんの「苦しかったら、もうやめてもいいんだぞ」という言葉で、それまで自分ではおろせなかった、あえておろそうとしなかった重荷が取り除かれたのかもしれません。素直に「苦しい」と口にしていました。

「うん。おれもわかってたよ」

最近の僕の練習ぶりを見ていた秀太さんは「様子がおかしいな」と見抜いていたようです。僕は迷うことなく言いました。

「今年でやめます」

両親にはその日に伝えました。母ではなく、父に電話しました。やはり、プロ野球選手の先輩としての父にまずは報告したかったのです。

父も母も「おまえが決めたことだから」と、それ以上何も言わずに全面的に受け入れてくれました。

電話を切ってから、父は母に言ったそうです。

「慎太郎がここまで強い男だとは思わなかった。おれだったらとてもできなかった。最高の、自慢していい息子だと思う」

実はこの話は、つい最近母から聞きました。「もっと早く言ってよ！」と思うと同時に、とてもうれしかった。そんな言葉を言われたのははじめてだったからです。

第6章 奇跡のバックホーム

引退セレモニーにて、チームメイトによる胴上げ

2019.9.26

異例の引退試合

2019年9月22日、僕はこのシーズンかぎりでユニフォームを脱ぐことを表明しました。

そして、26日に鳴尾浜球場で行われるウエスタン・リーグのソフトバンク戦を引退試合にしていただけることになりました。

秀太さんに引退の意向を伝えてから数日後、宮脇則昭ファームディレクターから言われました。

「引退試合をやるから」

本当にびっくりしました。なんの結果も出すことができなかった二軍の選手が引退試合をしてもらえるなんて、普通ならありえません。ましてや当時の僕は育成選手でした。それが最後に試合に出られることになり、とてもうれしく、ありがたかった。

球団が引退試合を用意してくれたことを聞いた父は、こう言ったそうです。

「おれは11年やったけど、引退試合なんてなかった。最後の試合の後、電車で帰ったんだ。育成の立場でやってもらえるなんて本当にすごい。慎太郎が最後まで一生懸命がんばったことを認めてくれたんだな」

ただ、父ははじめ、引退試合には来られないと言っていたそうです。宮脇ディレクターから「お父さんは試合を見に来ないのか」と聞かれたので、その夜父に訊ねると「仕事の関係でちょっとわからない」と答えが返ってきました。しかし後日、「やっぱり息子の最後の姿を見たい」ということで鹿児島からやってくることになり、それを宮脇ディレクターと平田監督に伝えたところ、ふたりとも涙で言葉が出てきませんでした。僕までジーンとしたのを憶えています。

ところで、引退を発表したその日、さらなるサプライズがありました。一軍の横浜DeNA戦でのことです。先発した後輩の望月惇志投手がマウンドに上がる際、いつもの登場曲に代えて『栄光の架橋』を流したのです。

「もう一度甲子園の打席に立つ」という目標は、残念ながら僕自身の力では実現しませんでした。でも、望月投手が甲子園で『栄光の架橋』を流すことをかなえてくれたのです。

しかも試合後、決勝打を決めてその年はじめてお立ち台に上がった鳥谷さんが、インタビューのなかで僕の名前を出してくれました。鳥谷さん自身、その年かぎりでタイガースを退団することになっていて、試合前、少しだけ話す機会がありました。

僕も球団をはじめとするさまざまな方々の温情に感謝するとともに、強く思いました。

「引退試合では、絶対に何かやってやる！」

たとえお膳立てされたかたちにせよ、復帰以来の目標だった「試合に出る」という目標がようやくかなうのです。お世話になった方々への恩返しという意味でも、何かを残したいと思いました。

当日は晴天。朝8時半の開門前から、100人ものファンの方々が列をつくってくれたそうです。入りきれない観客のために、ライトにある選手通路が開放されたと聞きました。ウォーミングアップの最中には球団のはからいで『栄光の架橋』が流され、スタンドには「24」のユニフォームやタオルもたくさん見えました。

さらに驚いたのは、一軍の選手の方々が駆けつけてくれたことです。鹿児島の先輩でもある福留さん、鳥谷さん、糸井さん、そして矢野監督まで……シーズン中、しかもクライマックスシリーズ進出に向けて大事な時期だったにもかかわらず、僕のために来てくれたのです。

試合前のバッティング練習を終えると、平田監督に呼ばれました。

「今日でおまえのバッティングを見るのが最後になるのはつらい。1年目からずっと見てきたからな。ショックだよ……」

サングラス越しの監督の目には、涙が浮かんでいました。思わず僕の胸も熱くなり、「いいところを見せないといけないな」と、さらに気持ちが引き締まりました。

プロ6年間のベストプレー

「センターに入れ!」

1096日ぶりの公式戦。タイガースが2対1でリードしていた8回表、ツーアウト二塁の場面で平田監督に命じられ、僕は緊張して守備位置に向かいました。

「よし、来い！」

そうしたら初球です。大きなフライが本当に飛んできた。

「うそだろ……」

「代わったところに打球は飛ぶ」とはよく言われますが、まさかいきなり来るとは思っていなかったので、ちょっと焦りました。

打った瞬間、どんな打球かは感覚である程度わかりましたが、ボールは見えていませんでした。高く上がったボールは見えにくいのです。ただ、これは見えていても届かない打球でした。ボールは僕を越え、センターオーバーの二塁打。同点になりました。

代走が出て、バッターは6番の塚田さん。

その2球目、塚田さんが打ち返した打球は、僕の前にライナーとなって飛んできました。よりによって、いちばん見えにくい打球が飛んできたのです。

正直、一瞬思いました。

「これが最後のプレーかよ……」

それでも、気がつくと僕は足を前に踏み出していました。そうしてボールをキャッチすると、次の瞬間、大きく右足を踏み出し、ダイレクトでキャッチャーに送球しました。

ボールはノーバウンドでキャッチャーのミットに吸い込まれました。タッチアウト。鳥肌が立ちました。プロ生活6年目の最後に、生涯ベストプレーを見せることができたのです。

おこがましさを承知で言えば、このバックホームがタイガースを奮い立たせたのかもしれません。同点となった試合は8回裏、先頭打者の江越さんのツーベースを皮切りに、板山さんがレフト前に運んでチャンスを拡大。タイガースが2点を追加して4対2となりました。そして、9回のソフトバンクの攻撃を無失点で抑え、タイガースが勝利しました。

僕も8回に引き続き守備につきましたが、幸か不幸か、今度は打球は飛んできませんでした。

こうして僕の最後の試合は終わりました。

僕と母だけに聞こえた音楽

あのバックホームのことを思い出すと、いまも鳥肌が立ちます。あのプレーは、僕ひとりで成し遂げたとはとても思えません。何か別の力が働いていたとしか考えられないのです。

はじめて放射線治療を受けたとき、不思議な体験をしました。

地下にある照射室の前で、母と一緒に治療が始まるのを待っていました。そこには僕たちのほかにもうひとり、高校生くらいの女の子がいただけで、シーンと静まり返っています。

そこに突然、「音楽」が流れてきたのです。雅楽というのか、よく神社で聞かれるような音楽でした。

「えっ!?」

驚いた僕は、母を見ました。

「神社で流れる曲だよね」

母もびっくりした顔をしています。そして言いました。

「慎太郎、神様がちゃんと見ていてくださるから、安心して行っておいで」

名前を呼ばれて僕が照射室に入っていったとたん、音楽はピタリとやんだそうです。

あまりに不思議な出来事だったので、照射が終わった後、「ちょっとお聞きしますが」と、母は病院の人に訊ねました。

「ここは音楽が流れるんですか？」

「いいえ、流れませんよ」

「でも、待っているとき、神社で聞くような音楽が上から流れてきたんですけど……」

「えっ……!?　いっさい流してません。テレビはありますけど、つける人はめったにいません。照射室のなかでは、パニックになった人を落ち着かせるためにクラシックを聴かせることはありますが……」

「でも、たしかに鳴ったんです！」

どうやら、僕と母だけに聞こえたようなのです。しかも同じ雅楽のような音楽が……。たしかに、一緒に座っていた女の子はとくに驚いた様子もなく、黙って下を向いていました。

母も僕も父も姉も、何かの宗教を信仰しているわけではないし、霊感があったわけでもない。でも、たしかに聞こえたのです。

ひとつだけ間違いないのは、それからの治療が順調に進んだことです。抗がん剤でも放射線治療でも、たいがいは嘔吐すると聞いていましたが、一度も吐きませんでした。苦しかったのは事実ですが、症状が悪化するようなことは一度もなかった。リハビリも滞りなく進み、予定通り退院できました。

母は言いました。

「あんたがいつも一生懸命で、誰よりも練習していたことや、病気になっても腐らずにいつも前向きで、『絶対に野球をやる』という目標のためにつらい治療にも耐えてきたことを神様が見ていてくださったんだよ」

僕も思います。

「あの引退試合のバックホームは、まさしく神様が導いてくれたのではないか――」

そういう気がするのです。

「横田、野球の神様って、本当にいるんだな」

奇しくも鳥谷さんがそう言ってくれましたが、僕も思うのです。

「あれは神様の思し召しだったんじゃないか。神様が僕の背中を押してくれたんじゃないか――」

想定外が重なって生まれた奇跡

実際、あのバックホームは、予期していなかったさまざまなことが重なった結果、生まれたものでした。

第一に、そもそも僕はあの試合でセンターを守るつもりはありませんでした。

試合の3日ほど前、平田監督に引退することを決めた旨を直接伝えると、監督が涙を見せながら僕に訊ねました。

「どこを守りたいんや？」

「ライトでお願いします」

僕は答えました。病気になるまではセンターを守っていましたが、復帰してからはずっとライトの練習をしていました。ライトがボールがいちばん見えやすかったからです。それで引退試合でもライトを希望したのですが、しかし監督は「それは違うだろう」と言って、続けました。

「いったい何を遠慮してるんだ！　おまえが3年目に開幕スタメンをとったのはセンターだろう。エラーしたって、何したっていいから。センターを守れ。あと2日、センターを練習しとけ」

それでセンターに入ることになったのです。

第二に、8回に僕がグラウンドに立ったのも想定外のことでした。予定では、出場するのは9回1イニングだけだったのです。

ところが、2対1で阪神がリードしていた8回途中、ベンチで声援を送っていた僕に、平田監督が突然言いました。

「横田、キャッチボールして準備しろ」

「えっ!? 嘘だろ?」と、僕だけでなくベンチ全体が驚いたのもつかの間、ツーアウト二塁の場面でタイムをかけた平田監督は、審判に告げたのです。

「センター、横田」

あとで聞いたのですが、イニングの途中から出場させたのは、平田監督は僕が守備につくときに必ずダッシュで向かうのが好きで、それを最後にファンにも見せたいという理由からだったそうです。

いずれにせよ、僕にとって8回裏にセンターの守備についていたのは予定外のことだったのです。余談ですが、平田監督はのちに大阪のテレビでこの試合を振り返って言ったそうです――「なんでみんな横田をほめるんだ。おれをほめてくれ」。

第三の理由として、ソフトバンクの選手たちは決めていたと言います。

「横田のところに打つのはよそう」

僕の目の状態を知っていたので、「センターにだけは打たないようにしよう」と心がけてバッターボックスに入ったそうです。

「それなのに、なぜか飛んでいってしまうんだよなあ」

ソフトバンクの選手たちが言っていたと、試合後にキャッチャーの片山さんから聞きました。

母も「センターにだけは飛ばないで」と祈っていたそうです。

「球場は広いのだから、ほかの場所にいってください。あんなに空いてるんだから……」

もしも打球が飛んできて、僕が追いかけてほかの選手にぶつかったら、その選手にも迷惑がかかるとまで考えていたらしいです。

にもかかわらず、２打者続けて、まるで導かれたように僕のところに打球が飛んできたのです。

神様が背中を押してくれた

そして、あのバックホームが神様の思し召しだったのではないかという最後の理由――それは、病気をしてからの僕は、あのような打球に対して前に出ることはなかったということです。

繰り返しますが、あの打球はいちばん見えにくい打球でした。ボールが二重に見えるうえ、距離感がつかめない。どこに跳ねてくるのか、どのように向かってくるのか、よくわからないのです。だから、いつもなら一歩後ろに下がって捕ろうとしたはず。そして、後ろに下がっていたらバウンドが合わず、はじいたり、後逸したりしていたことでしょう。

それが、あのときにかぎっては不思議と身体が前に出た。無意識のうちにそうしていた。自分の意思ではなく、何かが僕の背中を押してくれたのです。そうしてグローブを差し出したらボールが入ってきたという感じでした。

しかも、バックホームの送球はノーバウンドでした。それまでノーバウンドでキャッチャーに返球できたことは一度もありません。練習でもなかったのです。

実は、投げたボールもはっきり見えていませんでした。ファンのみなさんから歓声があがり、内野手がガッツポーズしたのを見て、はじめてタッチアウトなのだと理解しました。僕も久しぶりにガッツポーズしていました。

入院中に掛布さんがお見舞いに来てくれたとき、「復活」と書いた色紙を僕に手渡しながら、「横田、これからドラマをつくろうな」という言葉をかけてくれたという話を前にしました。無念ですがこの3年間、試合には一度も出場できませんでした。けれども、このバックホームによって、最後の最後に「ドラマ」をつくることができたのかな——そんなことを思います。

24番のユニフォームに涙

引退試合が終わり、ベンチに戻ってきた僕は、その後に行われることになっていた引退セレモニーのため、背番号124のユニフォームから、背番号24が縫いつけられたユニフォームに着替えました。

ユニフォームに袖を通した瞬間、突然、涙があふれてきました。

24番のユニフォームを取り戻すために、もう一度着ることを目標に、この3年間、がんばってきた。「やっと着られた」といううれしさと安堵。その一方、「公式戦ではついに着られなかった」という悔しさと、「3年間僕を支えてくれた人たちに報いることができないまま引退せざるをえない」という申し訳ない気持ち……ユニフォームを着た瞬間、そうしたさまざまな感慨がまざりあい、思わずこみあげてきてしまったのでしょう。それが突然の涙の理由だと思います。

しばらく涙を止めることはできませんでした。本当は『栄光の架橋』のサビのところで出て行く予定だったのですが、少し遅れてしまいました。

再びセンターの位置に走って向かった僕は、チームメイトの髙山俊さん、北條史也さん、中谷将大さん、梅野隆太郎さんが組んだ騎馬にまたがってダイヤモンドまで運ばれました。

スコアボードには、「1番・髙山、2番・横田……」と、僕がスタメンに名を連ねた2016年の開幕戦のオーダーが映し出されていました。

騎馬から降ろされた僕は、両チームの選手たちがベンチ前に並び、ファンや家族が見守るなか、あいさつに立ちました。

とっさに言葉がわいてきた最後のあいさつ

まず最初に、このようなすばらしいセレモニーに足を運んでくださったファンのみなさん、本当にありがとうございます。

そして、ソフトバンクホークスのみなさん、阪神タイガースのみなさん、このようなすばらしい時間をつくってもらい、本当にありがとうございます。

監督さん、コーチのみなさん、スタッフのみなさん、選手のみなさん、本当にいままでありがとうございました。僕が試合にも出ていないのに、いつも身体の心配や、野球のことをいろいろ教わって、本当に感謝の言葉しかありません。本当にありがとうございました。

そしてファンのみなさん。僕が試合にも出ていないのに、いつもスタンドにはたくさんのファンに来てもらい、自分がグラウンドでもがいているときに、いつも必死に応援してもらい、本当にいつも感謝の気持ちでいっぱいでした。ファンのみなさん、ありがとうございます。

そして今日来てくれた両親。こんなに試合に出るのが遅くなってしまってすいません。入院中から僕以上に大変な思いをしたと思います。しかし、こうやって今日試合に出してもらったのも、間違いなく強い両親のおかげです。本当にありがとうございます。

そして最後に、僕の目標だった、試合に出る、そして24番をつける――それに携わってくれたチーム関係者のみなさん、本当にありがとうございます。

いままであきらめず野球をやってきてよかったと、今日あらためて思いました。これまで本当にたくさんの方に励まされ、応援され、ここまで来れました。最後、まさかこんなにすばらしいことが起きるとは夢にも思っていませんでした。これまでつらいこともありましたが、自分に負けず、自分を信じて、いままで自分なりに必死で練習してきて、本当に神様は見ていると、今日思いました。

いままで僕に携わってくれたたくさんの方々、本当に本当にいままでありがとうございました。

最後にどんなことを話すかは事前に決めていました。2日前くらいに球団から「話すことを考えておけ」と言われたのです。

ところが、あそこに立ったとたん、考えていたことはすべて吹き飛んでしまいました。だから、あのあいさつはアドリブです。

結果として……、準備していた以上のことが言えたと思います。僕史上、最高のあいさつができました。あとで映像を見て、自分でも驚きました。

もともと話をするのは得意ではないし、言葉も知らない。ましてやこんな状況でちゃんとしゃべれるか心配だったのですが、あの場所に立ったら自然と言葉が出てきました。

自分でも考えられないし、家族もびっくりしたと話していました。ふだんから心のなかで思っていたことなので、台本がなくても自然に話すことができたのだと思います。変なことをしゃべったらセレモニーが台無しになってしまいかねなかったので、冷や汗が出るとともにほっとしました。

あいさつが終わると、選手会長の梅野さん、クライマックスシリーズ進出に向けて大変なときに駆けつけてくれた矢野監督、そして家族から花束贈呈があり、タイガースの選手のみなさんから胴上げしてもらい、スタッフの方も含めて全員と握手をしました。

その後、長かった一日の最後に、リハビリでお世話になったトレーナーの方々とグラウンドで写真を撮りました。空を見上げると、いままでに見たことのないようなきれいな夕日が目に入ってきた。その夕日を眺めているうちに、なぜかまた涙が頰を伝うのを感じていました。

タイガースに入団してよかった

阪神球団に対しては、感謝の言葉しかありません。

普通なら解雇されてもおかしくないのに、育成選手として、しかも年俸も変わらず契約してくれたうえ、結果を残せなかったにもかかわらず、引退試合まで用意してくれたのですから。

あとから聞いたことですが、僕の復帰について、当然のことながら球団は逡巡《しゅんじゅん》したようです。

もう一度野球をやりたいという気持ちは痛いほどわかる。しかし、再発のリスクが絶対にないとは言えないし、どうやって練習させればいいのか。はたしてプロの練習に耐えられるのだろうか。危険ではないのか。そもそも復帰することが本当に本人のためになるのだろうか——。

球団のフロントは迷ったそうですし、実際に僕を復帰させるにあたってはいろいろ大変だったと思います。僕自身はグラウンドに戻れる喜びでいっぱいでしたが、冷静になって考えると、球団はさまざまなことを考慮しなければならなかったはずです。

脳腫瘍から復帰した選手はタイガースにはいなかったし、僕の場合は目が見えにくいので、ほかの選手と一緒に練習させるわけにはいかない。どうすればいいのか、関係者の方々は悩んだと想像できます。

でも、そんなことはいっさい僕に感じさせることなく、最善の環境を僕のために用意してくれた。阪大病院に入院し、手術を受けられたのも球団のおかげです。病院のトップの方のひとりが、タイガースのチームドクターだったことから受け入れていただけたのでした。

おかげで僕は、完全復活という目標に集中して、全力で進むことができました。プロ野球というすばらしい世界の、阪神タイガースというすばらしい球団で野球をさせてもらったことを心から幸せに思うし、いくら感謝してもしきれません。

引退セレモニーで矢野監督に花束をいただいた際、耳打ちされました。

「今日は横田にすばらしいものを見せてもらった。次はおれたちの番だから、見てろよ」

タイガースはそこから6連勝を飾り、逆転でクライマックスシリーズの出場権を獲得しました。最後の最後にほんの少しだけチームに恩返しできた気がして、うれしかったです。

やっと人の力になれた

「あのバックホームは僕のベストプレー」

僕は言いました。ラストプレーに生涯最高のプレーを見せられたのはたしかにうれしかった。でも、それと同じくらい、それ以上にうれしいことが試合後にたくさんありました。

セレモニーが終わった後、見に来てくれたファンの方々ひとりひとりと握手しながら、最後のお礼を言いました。

「やめないで」

何人もの方々が泣きながら言ってくれました。「私も同じ病気です」と泣き崩れる方もいたし、闘病中の方もたくさん来てくれていました。

「感動しました」「勇気が出ました」という手紙もいっぱいもらいました。なかには字が少々乱れている手紙もあり、その人が大変な状態のなか、一生懸命書いてくれたことが察せられました。

ずっとひきこもりだった人が試合を見て、「ひきこもるのをやめて、もう一度家から出ようと思った」と言ってくれたり、野球を知らない若い人からも「勇気をもらいました」という手紙がたくさん届きました。

「ああ、苦しんでいる人たちの力に少しだけでもなれたんだな」

そう思うと、本当にうれしかった。

「目標から逃げずにがんばってきてよかった」

あらためて思いました。最後の最後に、やっと人の力になれたのだから。

ファンが後押ししてくれたバックホーム

自分で言うのは恥ずかしく、また、おこがましいのですが、病気をしてから、僕は本当に人が変わりました。これだけは自信をもって言えます。

それまでの僕には、「自分がよければそれでいい」という考えが少なからずありました。とくにプロに入ってからは、なによりも自分と自分の成績がいちばん大切でした。自分が打つこと以外、目に入らなかったし、気にもしなかった。でも病気になって、感謝の気持ちが自然と生まれたのです。

繰り返しになりますが、手術後、目が見えなくなって思いました。

「ああ、もう野球をするのは無理なのかな……」

暗闇のなか、病室でさまざまなことを考えました。考えに考えて、あらためてわかったのは、こういうことでした。

「やっぱり野球がしたい」

すると、病気と闘う力がわいてきた。

「これであきらめたら、何も進まないぞ。毎日がつまらなくなってしまう。絶対にもう一度プロ野球の世界に戻ってやる！」

そう決めてからは、たとえ視力が思うように回復しなくても、その目標からは絶対に逃げませんでした。絶対にぶれなかった。たとえくじけそうになっても、最後はそこに立ち返りました。

それでは、「もう一度野球をやる」と目標を僕に与え、その後の2年半を支えてくれたものは何か――。

僕を応援してくれるファンの人たちです。

「いつまでも待ってます」

「戻ってくるのを楽しみにしています」

そう言ってくれるファンの人たちでした。

「ああ、こんな僕を、一軍でほとんど活躍していない僕であっても、みんなが待っていてくれる。がんばってグラウンドに戻って、元気になった姿を見せて恩返ししないと」

病気と闘っていくなかで、そんな気持ちが自然と芽生えてきたのです。それまで自分のことしか目に入らなかった僕の心にはじめて、「人のために何かをしたい」という強い気持ちがわいてきた。だからこそ、あのバックホームがたくさんの人に勇気を与えられたことがなによりもうれしかったのです。

あのバックホームは「神様が演出した」と言いましたが、さまざまな人たちが僕を支えてくれたからこそ、そして僕もなんとかそれに応えようとし続けたからこそ、神様が味方してくれたのだと思います。言い換えれば、あのプレーを生んだのは、僕を応援してくれるすべての人たちの温かい心だった――そう感じるのです。

最後に伝えたいこと

病気をしてからの3年間です――。

「6年間のプロ野球生活でもっとも思い出に残っているのはどんなことですか?」と引退会見で訊かれ、僕がそう答えたのも、いま述べたような気持ちが強かったからです。

たった6年のプロ生活でしたが、思い出はたくさんあります。なかでも宝物は、3年目に開幕スタメンに名を連ねたこと。それまで一軍の経験がまったくなかったにもかかわらず抜擢してもらったときは、言葉にならないくらいうれしかった。そのほか、はじめてプロの練習に参加したときのこと、はじめて試合に出たときのこと、初盗塁、初ヒット……どれも僕にとっては大切な1ページです。

でも、2017年の2月に病気になってから引退するまでの3年間は、それらのこと以上に僕に大きな影響を与えました。ゴールがはっきりと見えないなかでも、目標を見失うことなく、前だけを見て進んできたこの3年間。もがき、苦しみ、さまざまなことを考え、試行錯誤したこの3年間で、僕は人間的にも大きく成長できたと思っています。その意味で、なによりも思い出深く、大切な時間だったのです。

だからこそ、生意気を承知で最後に言いたいのは、目標をもつこと、そしてどんなことがあってもそれを捨てないことの大切さです。

結局、「試合にもう一度出る」という僕の目標はかないませんでした。でも、その目標をずっともち続けたからこそ、最後のバックホームがあったと僕は信じています。苦しいからといって、どこかで「もういいや」とあきらめてしまっていたら、あのプレーは絶対になかった。

だから、みなさんもどんなにつらいこと、苦しいことがあっても、たとえ小さな目標でもいいから、それを見失わず、がんばってほしい。そのために僕も、少しでも力になれればと思って、これからもがんばっていきたいと思っています。

終章　新たなプレイボール

引退試合が終わり、6年間でずいぶん増えた身の回りのものを父が借りてきた大きな車に積み込み、虎風荘をあとにした僕は、鹿児島に帰ると市内にマンションを借りて、ひとり暮らしを始めました。中学生までは実家、高校からプロを引退するまでは寮にいたので、完全なひとり暮らしはまったくのはじめてです。

実家に戻れば家族がいろいろ手助けしてくれたでしょう。でも、これからはひとりの社会人として生きていかなければならない。なんの仕事をするにしても、ひとりで生活できるようにならなければいけないのです。

これまで野球しかやってこなかったので、社会常識もろくに知りません。一般人として学ばなければいけないことはたくさんあるし、ひとりならいろいろ考える時間もつくれるだろう。そう考えて、誰の手も借りずに、がんばってみようと思ったのです。

2019.10-

目の状態は、完全に回復したとはいえません。日常生活に大きな支障はないのですが、最初は車が動いているのか止まっているのかわからず、ひかれそうになりました。いまも角度によっては物が二重に見えたり、ぶれたりします。たとえば、斜めから人の顔を見ると、僕の視界のなかではふたつに見え、目も鼻も口も耳も二重に見えます。スマホも下を向いて見ると文字が二重になります。階段も、とくに白い階段が非常に見えにくいです。自動車免許を持っていますが、もちろん運転はできません。先生には「いずれ治る」と言われていますが、もう少し時間がかかりそうです。

起床はいまも毎朝5時。起きると桜島を見ながら40~50分ほどランニングして、腹筋や背筋、ストレッチ。これは日課です。せっかくつくった筋肉がなくなって太ってしまうのが嫌なのと、何もしないでいるとダラダラしてしまいそうなので、生活にメリハリを与えるのが理由です。

それ以外はルーティーンがあるわけではありません。食事もはじめの2、3か月は自炊していました。唐揚げやカレー、野菜炒め、卵料理、焼きそばなど、母に教わったり、本を見たりして、いろいろつくっていました。思ったよりおいしくできたのですが、最近はちょっと面倒くさくなったのと、買ってきたほうが安くて無駄がないことに気づいたので、あまりやらなくなりました……。

本も読むようになりました。人にすすめられた小説や、鹿児島の大先輩である京セラの創業者、稲盛和夫さんの本などを読んでいます。

銀行や役所のさまざまな手続きや運転免許の更新だとか、はじめての経験に戸惑うことも多いですが、母に教えてもらいながらなんとかやっています。

引退を決めたとき、阪神球団からはアカデミーのコーチをしてみないかと誘われました。これは球団が運営する、少年向けのベースボールスクールで、ＯＢが指導にあたっています。その仕事をしないかとオファーしていただいたのです。

野球に関わる仕事ができるのはこのうえない喜びだし、声をかけていただいたことは非常にありがたく、感謝しかありません。

でも考えた末、お断りしました。もちろん、不満があったわけではありません。

それなのに、どうして断ったのか。いくら相手は子どもとはいえ、野球を教えるからには、こちらが万全の状態でなければ携わりたくなかったからです。ボールも満足に見えない状態で教えるのは無責任だし、失礼だと思ったのです。

ならば、いま僕にできることは何か。しなければならないことは何か――。

「同じような状況にある人たち、病気で苦しんだり、闘っている人たちの力になることではないだろうか」

僕はそう考えました。それが、両親や阪神球団関係者、ファンをはじめとする、ずっと僕を応援し、見守ってきてくれた人たち、陰日向になって支え、励ましてくれた人たちに対する恩返しになるのではないかと思ったのです。

妙な話ですが、最近、こう考えるようになりました。

「病気になって、よかったこともある」

大好きな野球を奪われたのは事実です。こんなに残念で悔しいことはありません。でも、それまで知らなかった世界を知ることができたし、自分のために本当にさまざまな人が協力してくれた。自分が知らないところで、献身的に動いてくれた人がたくさんいました。

そういうことがわかってくるにつれて、「ああ、病気は必ずしも悪くなかったな」と考えるようになったのです。少なくとも、病気になったことを悔やんではいません。最終的にプロ野球はあきらめなければなりませんでした。けれども僕は、病気になったからといってあきらめて逃げたのではなく、目標をもち、それを実現するべくがんばってきた。その体験を通して強くなったと思うし、得るものも多かった。人間として成長したと思います。そして、僕が最後まであきらめずに病気と闘うことができたのは、何度も言いますが、さまざまな人が支えてくれたからにほかなりません。

それならば、今度は僕自身が同じように病気と闘っている人たちや周囲の人たちにこの経験を伝え、元気を与えたい。置かれた状況を嘆いたり、悲しんだりするだけではなく、前向きに闘っていくための力になりたい。それは僕の義務だと思いました。

先日も、悪性の腫瘍で苦しんでいるという方の家族から、「なんとか力づけてやってくれないか」という連絡をもらったので、さっそくメッセージを送りました。すると、とても喜んでいただいた。

「僕がやらなければいけないのはこれなんだ！」

あらためて思いました。

具体的には、講演などに呼ばれたり、インタビューを受けたり、YouTubeなどに出演したりして、自分の体験を話すことが主な活動になっています。病院への訪問も積極的に行っていたのですが、新型コロナウイルスの影響で中断してしまいました。もちろん、収束したらすぐにでも再開するつもりです。

引退して契約が切れたうえ、アカデミーのオファーをお断りしたにもかかわらず、タイガースとはいまも交流が続いています。

２０２０年７月１日、ナゴヤドームでの中日対阪神戦でのこと。試合前、円陣を組んだタイガースの選手たちに、僕のメッセージ動画が届けられました。

その数日前、一軍の仲野伸洋トレーナーから連絡があったのです。

「いまチームが元気ないから、おまえのメッセージがほしい。去年はおまえの引退試合をきっかけに６連勝してクライマックスシリーズに進出できた。何か言葉をくれないか」

僕なんかでいいのかなと思わないでもなかったのですが、お世話になったチームの役に少しでも立てるならと、親に撮影してもらった動画を送りました。

「今日も一日、前を向いてがんばっていきましょう。さあ、行こう！」

残念ながらその試合は負けてしまいましたが、その少し前には矢野監督から突然LINEが送られてきたこともありました。試合前のミーティングで、僕のバックホームの映像をみんなに見せたそうです。そして、「去年は横田に助けてもらって最後に連勝できた。今度はおれたちがいいところを見せるんだ」と、選手のみなさんを鼓舞したとありました。実際、その試合は9回にサンズの逆転3ランが飛び出してタイガースが勝ちました。

そんなふうに、いまも折に触れて声をかけてもらえることが、やめた者にとってどれだけうれしく、ありがたいことか。父に言わせると「信じられない」そうです。

「やめたその日からもう、なんの連絡もないのが普通だ」と驚いていました。

「おまえは幸せ者だぞ」

本当にそう思います。球団からは、母にも2週間に一度は「慎太郎くんはどうしていますか」と連絡が入るそうです。

タイガースに入団してよかったと、あらためて感じています。

「もう一度野球をしたいと思いませんか？」

いろいろな人から訊かれるのですが、僕はいつもこう答えます。

「いまは全然思いません」

事実、引退試合以来、一度もボールを投げていません。ボールもバットもグローブも部屋にはなく、タイガース時代に使っていた用具は全部実家に送りました。

病気になったときは、あれほど「野球、野球」と言っていたのに、いまは不思議とそんな気持ちはわいてきません。もちろん、野球のおかげでいまの自分があるわけで、野球に対しては感謝しかありません。

あえて言うなら、あの引退試合のバックホームで、野球人・横田慎太郎としてはひと区切りがつき、社会人・横田慎太郎のスタートが切れたという感じでしょうか。

もちろん、野球に関わっていきたいという気持ちがわくときがいずれ来るかもしれません。実は、アマチュア野球を指導するために必要な学生野球資格も研修を受けて回復しました。父にすすめられたのです。

父自身、引退して3、4年は「野球はもういい」と思っていたらしいのですが、その後思い直して指導員の資格をとり、2016年から鹿児島商業高校のコーチを務め、2019年12月、監督になりました。「おまえも早いうちに一応はとっといたほうがいいぞ」と言われたのです。アカデミーのコーチの話も、球団からは「2年は待ってるから」とありがたい申し出を受けています。

何をするにせよ、いまは声をかけていただいた仕事をひとつひとつ、心を込めて一生懸命やっていくこと。僕の体験を話してほしい、聞きたいという方々の要望に誠心誠意、応えていくこと。それが大事だと思っています。

引退試合が終わって、母と一緒にいったん鹿児島に帰ったとき、新幹線のなかで「入院中、苦しかったときにこの曲を聴いてたんだよ」と、イヤフォンを片耳ずつ分けあって『栄光の架橋』をふたりで聴きました。

母は涙を見せて言いました。

「もう苦しまなくていいから、ちょっと身体を休めてから自分のリズムで次の道を探そうね」

そしてこう続けました。

「中途半端でやめてしまったなら次は見えないけど、やり尽くしたのであれば、必ず次の扉が開く。次にやるべきこと、やりたいことが見えてくる。きっと周りの人も応援してくれるよ」

再発の可能性はまったくないとは言いきれませんが、幸い、退院後半年に1回受けている定期検診では、「まったく兆候は見られない」と先生が言ってくれているし、僕自身に不安はまったくありません。いずれ視力も完全に回復すると信じています。

完治したとき、僕は何をするのだろうと、楽しみでもあります。

僕の人生は、また新たに始まったばかりなのです。

横田慎太郎（よこた しんたろう）

1995年、東京都生まれ。3歳で鹿児島県に引っ越す。横田真之(元ロッテオリオンズ)を父に持ち、鹿児島実業高校では中心選手として活躍。2013年、ドラフト2位で阪神タイガースに入団。1、2年目はファームで経験を積み、3年目の2016年は開幕からスタメン出場。しかし定着とはならず、翌2017年はさらなる飛躍を目指したが、原因不明の頭痛が続いたため2月に精密検査を受けたところ、脳腫瘍と診断される。2018年からは育成契約に移行し、復帰を目指したがかなわず、2019年9月に現役引退を発表。引退試合で見せた「奇跡のバックホーム」が話題となる。現在は鹿児島を拠点に、講演、病院訪問、YouTube配信など幅広く活動している。

ブックデザイン
萩原弦一郎（256）

写真提供
スポーツニッポン新聞社（カバー）
朝日新聞社（第2・3・5章扉）
日刊スポーツ新聞社（第6章扉、p.190-191）

DTP
美創

構成
藤田健児

奇跡のバックホーム

2021年5月10日　第1刷発行
2021年5月25日　第2刷発行

著　者　　横田慎太郎
発行人　　見城 徹
編集人　　福島広司
編集者　　小林駿介
発行所　　株式会社 幻冬舎
〒151-0051 東京都渋谷区千駄ヶ谷4-9-7
電話 03(5411)6211(編集)
03(5411)6222(営業)
振替 00120-8-767643
印刷・製本所　株式会社 光邦

検印廃止

ISBN978-4-344-03784-7 C0095

幻冬舎ホームページアドレス　https://www.gentosha.co.jp/

この本に関するご意見・ご感想をメールでお寄せいただく場合は、
comment@gentosha.co.jp まで。